はじめに

　「クイズです」と言うと，それだけでやる気に満ちた顔を見せてくれる子どもたちがいます。私は，授業の発問とクイズはそれほど違わないのにと思いましたが，クイズの持つ力に魅力を感じてクイズづくりを始めました。
　4月19日は，伊能忠敬が地図づくりの旅を始めた日だから地図の日。この記念日をヒントに作成したクイズが，
　「4月19日は地図の日です。同じ由来から何の日とも呼ばれている？」
　「① 大きな一歩の日　② 最初の一歩の日　③ みんなで一歩の日」
　正解は②。
　本書は，4月1日から3月31日まで，その日に関係のある問題と正解・解説で構成しました。例題の解説は，「伊能忠敬は，17年をかけて日本各地を歩いて測量し日本地図を作ったよ。伊能忠敬が測量の旅を始めた日が，1800年4月19日（旧暦）だから，4月19日は，最初の一歩の日と呼ばれているよ。」です。

　この本の問題には，記念日を素材にしたものが多くあります。
・5月1日は日本赤十字社の前身「博愛社」設立の日。
　「第1回目のノーベル平和賞を受賞したのは？」
　「① アンリ・デュナン　② ジミー・カーター　③ マザー・テレサ」
　正解は①。
・6月3日はペリー来日の日。
　「1853年にペリーが乗って日本に来た軍艦の名前は？」
　「① トリニダー号　② サンタマリア号　③ サスケハナ号」
　正解は③。

　著名な人物の誕生日や亡くなった日ということで作った問題もあります。
・3月26日は室生犀星が亡くなった日。
　「有名な詩の一節　ふるさとは（　）思ふもの。（　）に入るのは？」
　「① 遠きにありて　② 悲しいときに　③ いつも心に」
　正解は①。

正月やお盆など行事や季節に関係のある問題もあります。
・8月15日はお盆。
「『盆と正月がいっしょに来た』と似た意味の言葉はどれ？」
「① 猫の手も借りたい　② 焼け石に水　③ 笑う門には福来る」
正解は①。

　三択にしたのは，知識としては知らない子どもでも，意欲的に参加できるようにしたいと考えたからです。
　子どもたちは，クイズを楽しみながら知識を習得するだけではありません。学んだことを新たな視点から見直したり，無関係に思える物事の間に新しい関係を見つけたりすることで，思考力を鍛えているのです。このことは，平成29・30年改訂の学習指導要領で明示されている育成すべき資質・能力の三本の柱「①知識及び技能，②思考力，判断力，表現力等，③学びに向かう力，人間性等」の①②を育成することにつながります。
　紹介したクイズは，「はじめに」で紹介した5問と本文360問の合計365問です。児童・生徒の発達段階に合わせて柔軟に修正して活用してください。
　クイズの使い方の例を私の実践からご紹介します。

・授業の導入で，学習内容に興味を持たせるために使う。
・授業で，多様な思考を導き出すための発問として使う。
・学級レクリエーションで，ゲームの一つとして使う。
・学級通信に，家庭で話題になることを期待して掲載する。
・登校意欲を高めるために，放課後板書しておき，朝の会の中で答えを発表する。
・担任しているクラス以外で授業をする時に，場の雰囲気を和らげ，子どもたちと親しくなるために使う。

　本書は，南日本新聞（本社鹿児島市）に毎日連載している「みなみさんちのクイズ」に修正を加えた問題と書き下ろし問題で構成しました。南日本新聞でこれまで担当してくださった，岩松マミ様，田中優子様，下舞幸作様，門田夫佐子様，米森俊一様，児島佳代子様，豊島浩一様，平川順一郎様には大変お世話になりました。10年前に岩松マミ様から新聞への執筆依頼がなければ本書は生まれませんでした。黎明書房の伊藤大真さん・社長の武馬久仁裕さんには企画段階からお世話になりました。家族の結花・司夢・大歩・明翔にも助けられました。皆様ありがとうございました。

蔵満逸司

目次

- **4月** 全32問 … 4
- **5月** 全32問 … 12
- **6月** 全32問 … 20
- **7月** 全32問 … 28
- **8月** 全8問 … 36
- **9月** 全32問 … 38
- **10月** 全32問 … 46
- **11月** 全32問 … 54
- **12月** 全32問 … 62
- **1月** 全32問 … 70
- **2月** 全32問 … 78
- **3月** 全32問 … 86

4月

01 4月1日（社会編）
Q 江戸時代末のパリ万国博覧会に，幕府とは別に出品して，独立国かと思われた藩は？
① 長州藩　② 鳥取藩　③ 薩摩藩

02 4月2日（国語編）
Q 日本国内で出版された本に納入が義務づけられている図書館は？
① 文部科学省図書室　② 東京大学図書館　③ 国立国会図書館

03 4月3日（音楽編）
Q 録音された本人のピアノ演奏を，今も聴くことができる著名な作曲家は？
① ベートーベン　② ブラームス　③ バッハ

04 4月4日（音楽編）
Q 次のなかで，一番強く演奏する音楽記号は？
① p（ピアノ）　② f（フォルテ）　③ ff（フォルティッシモ）

05 4月6日（体育編）
Q 卓球のラケットに貼るラバーの色は？
① 自由　② 赤と黒　③ 白以外なら自由

06 4月6日（外国語編）
Q 冬から春の花壇を白い花で飾るノースポールの名前の意味は？
① 雪の草原　② 北極　③ かき氷

07 4月8日（算数編）
Q タイヤの大きさを表す時などに使うインチ。1インチの長さは？
① 10.8ミリ　② 25.4ミリ　③ 45.9ミリ

08 4月8日（図工編）
Q 渋谷駅前にある忠犬ハチ公の像は二代目です。初代はどうなった？
① 盗まれた　② 溶かされた　③ 美術館に飾られた

4月

01 1867年にパリ万国博覧会の開会式が行われた日。

A ③ 薩摩藩は，パリ（フランス）万博に琉球産物・薩摩焼・漆器・扇・煙草など約400箱も出品したよ。勲章も作って贈り物にしたので独立国かと思われたんだよ。

02 図書館開設記念日。

A ③ 国立国会図書館には，東京本館，関西館，国際子ども図書館があるよ。1872年のこの日，東京湯島に日本初の官立公共図書館である東京府書籍館が開設されたよ。

03 1897年にブラームスが63歳で亡くなった日。

A ② 1889年にブラームスがピアノで演奏した「ハンガリー狂詩曲第一番」と「とんぼ」が，今も聴くことのできる最古のレコーディングと言われているよ。

04 ピアノ調律の日。

A ③ 調律の基準音はA音（ラ）で周波数は440Hz（ヘルツ）。4月の英語Aprilの頭文字が基準音と同じAで，周波数の最初の二文字が44だから4月4日をピアノ調律の日にしたんだよ。

05 卓球の日，1896年に近代五輪が初めて開催された日。

A ② ラケットは，主に木材製の板とゴム製のラバーで作られているよ。ラバーの色は昔は自由だったけれど，今は一方が赤，もう一方は黒と決まっているよ。

06 北極の日。

A ② 小さな白い花がたくさん咲く様子が，真っ白な大地を連想させることから，ノースポール（北極）という名前がつけられたと言われているよ。クリサンセマムとも言うよ。

07 タイヤの日，4月は春の全国交通安全運動の実施月で8はタイヤのイメージ。

A ② インチは長さの単位の一つで，テレビ画面の大きさなど工業製品の長さを表す単位としてよく使われているよ。もともとは男性の親指の幅の長さだったと言われているよ。

08 忠犬ハチ公の日，ハチ公が亡くなった1935年3月8日の一ヵ月後の日。

A ② 主人は亡くなっているのに，毎日渋谷の駅に迎えに来ていたのが忠犬ハチ公だよ。初代の像は，第二次世界大戦中に金属が不足したため溶かされたんだよ。

09 4月8日（国語編）

Q 部首の貝偏は何に関係のある漢字に多い？
① 食べ物　② 海　③ お金

10 4月9日（社会編）

Q 都を二回移した第五十代天皇は？
① 桓武天皇　② 後鳥羽上皇　③ 推古天皇

11 4月10日（社会編）

Q 日本で国政への女性参政権が初めて認められたのはいつごろ？
① 明治維新後　② 第二次世界大戦後　③ 東京オリンピック後

12 4月11日（算数編）

Q 面積が100cm^2，200cm^{2}の正方形をかくことができる？
① 両方ともかける　② 100cm^{2}だけかける　③ 両方ともかけない

13 4月12日（社会編）

Q 有人宇宙船の発射場は世界に何ヵ所ある？
① 一ヵ所　② 三ヵ所　③ 八ヵ所

14 4月12日（社会編）

Q パンの主な材料である小麦，日本の自給率は何％？
① 14%　② 45%　③ 100%

15 4月13日（図工編）

Q 「ふるさとの山に向ひて／言ふことなし／ふるさとの山は」の続きは？
① おごそかかな　② 美しきかな　③ ありがたきかな

16 4月14日（社会編）

Q 助けを求めるときに使う記号として知られているのは？
① SUN　② SNS　③ SOS

09 貝の日。貝の漢字を分けると目と八。目を横にすると「四」と似ているから。

③ 昔は貝がお金として使われていたことから，財，貨，販，貯，買，費，賃，購のように，お金に関係のある漢字によく使われているよ。

10 806年に桓武天皇が亡くなった日。

① 桓武天皇は，784年に長岡京，794年に平安京と二回都を移したんだよ。坂上田村麻呂を征夷大将軍として東北地方に派遣したことでも知られているよ。

11 婦人参政権の日。

② 1945年12月衆議院議員選挙法が改正され女性の国政参加が認められ，翌年4月10日戦後初の総選挙で初めて婦人参政権が行使され女性代議士が誕生したよ。

12 メートル法の日，1921年にメートル法が日本で公布された日。

① 一辺の長さが10cmの正方形をかくと100cm²。対角線の長さが20cmの正方形をかくと200cm²になるよ。

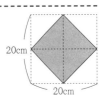

13 1961年に世界初の有人宇宙船が打ち上げられた日。

② 人が乗る宇宙船を発射する場所は，バイコヌール宇宙基地（ロシア），ケネディ宇宙センター（アメリカ），酒泉衛星発射センター（中国）の三カ所だよ。

14 パンの日，1842年に日本で初めてパンが焼かれた日。

① 小麦は，ラーメン，うどん，ビスケットなどの主な材料でもあるんだよ。日本人は一年に一人平均約31kgも小麦を使うんだ。アメリカが主な輸入相手国だよ。

15 1912年に石川啄木が26歳で亡くなった日。

③ 石川啄木の短歌。故郷の山に向かって言うべき言葉はない。故郷の山は，ただただありがたいかぎりだという意味だよ。

16 SOSの日。

③ SOSは船舶が救助を求めるために使っていたモールス信号による遭難信号。1912年4月14日タイタニック号が沈没する時に初めて使われたと言われているよ。

17 4月15日（社会編）

Q 今日はレオナルド・ダ・ヴィンチの誕生日を記念して何の日に定められている？
① ジェット機の日　② ヘリコプターの日　③ 自転車の日

18 4月16日（体育編）

Q 「いままでどれだけ走ったか。残すはたった42キロ」と言ったのは？
① 高橋尚子　② 有森裕子　③ 野口みずき

19 4月17日（理科編）

Q 日本国内で初めて発見された首長竜（くびながりゅう）は？
① フタバスズキリュウ　② ワキノサウルス　③ フクイサウルス

20 4月18日（道徳編）

Q 発明家エジソンは，子どものころ何と言われていた？
① サイエンス・キッズ　② クイズ・キッズ　③ スーパー・キッズ

21 4月19日（社会編）

Q 国土地理院が発行する地図の海岸線はいつのもの？
① 満潮　② 干潮　③ 満潮と干潮の中間

22 4月19日（社会編）

Q 消防署の地図記号は何の形がデザインされた物？
① 消火器　② 滝　③ さすまた

23 4月20日（社会編）

Q 日本で最初の郵便切手は？
① 熊文切手　② 鶴文切手　③ 竜文切手

24 4月21日（算数編）

Q 30型テレビの30は画面のどこの長さを表している数字？
① 画面の縦　② 画面の横　③ 画面の対角線

17 ヘリコプターの日。

② 全日本航空事業連合会が，ヘリコプターの原理を考え出したとされるイタリアの芸術家レオナルド・ダ・ビンチの誕生日にちなんで制定したんだよ。

18 女子マラソンの日，1978年に日本初の女子フルマラソン大会が開かれた。

① シドニーオリンピックの金メダリストで女子マラソンの世界記録を樹立し，女子スポーツ選手で初めて国民栄誉賞を受賞した高橋尚子さんの言葉だよ。

19 恐竜の日，1923年アメリカの学者が恐竜の卵を発見する旅を始めた日。

① 漢字で書くと双葉鈴木竜。福島県で当時高校生だった鈴木直(ただし)さんが1968年に発見したけど，新種と確認されたのは，2006年だったんだよ。

20 発明の日，1885年に専売特許条例が公布された日。

② エジソンは，「なぜ」と質問し過ぎてクイズ・キッズと呼ばれていたんだよ。努力して電灯や映画など，1300もの特許を取る世界的な大発明家になったんだ。

21 地図の日，1800年に伊能忠敬一行が日本地図を作る旅を始めた日。

① 満潮の時と干潮の時では，干潮の時の方が土地の面積は広くなるよ。国土地理院の発行する地図は，満潮の時の海岸線で作成されているんだよ。

22 地図の日，1800年に伊能忠敬一行が日本地図を作る旅を始めた日。

③ 昔，火事が発生した時，火が広がるのを防ぐために，周囲の建物を壊したんだ。その時に使われた道具がさすまただよ。防犯用にも使われる道具だよ。

23 郵政記念日，1871年に郵便制度が始まった日。

③ 1871年に発行された向かい合う竜が描かれている竜文切手が日本初の切手だよ。貨幣単位は文で，48文，100文，200文，500文の四種類が発行されたんだよ。

24 民放の日，1951年に日本の民間放送局に初めて放送予備免許が与えられた日。

③ 30型テレビの場合は，画面の対角線の長さが30インチ，約76.2cmという意味だよ。1インチは大人の手の親指幅ぐらいで2.54cmだよ。

25 4月22日（理科編）
Q 地球の表面積の何%が陸地？
① 約71%　② 約51%　③ 約29%

26 4月23日（理科編）
Q 何の化石が見つかると，その場所が河口や湖だったことがわかる？
① サンゴ　② アサリ　③ シジミ

27 4月24日（理科編）
Q 採集した植物を入れて持ち歩く円筒状や長方形の容器の名前は？
① 玉手箱　② 葛籠（つづら）　③ 胴乱（どうらん）

28 4月25日（英語編）
Q 勇気を持って新しいことにチャレンジする人を意味する言葉は？
① ファーストペンギン　② セカンドオピニオン　③ サードカケフ

29 4月27日（国語編）
Q 太平洋の「太平」の意味は？
① とても広い　② おだやか　③ とても荒い

30 4月28日（社会編）
Q 京都の龍安寺は石庭で有名だけど，白砂と石は何を表現している？
① 宇宙と星　② 大海と鯨　③ 山と水

31 4月29日（社会編）
Q 日本で盲導犬に指示を出す言葉で一般的なのはどれ？
① 日本語（標準語）　② ドイツ語　③ 英語

32 4月29日（家庭科編）
Q ジンギスカン料理は何の肉の料理？
① 羊　② 馬　③ 牛

4月

25 アースデイ，アメリカで始まった地球環境を守ろうと行動する日。

③ 地球の総面積は，約5億1千万km²で陸地は約1億5千万km²。陸地が地球の全面積に占める割合は約29%なんだよ。残りの約71%は水だよ。

---

26 シジミの日，「し（4）じ（2）み（3）」から。

③ 見つかった化石で，その場所がどういう場所だったかわかることがあるよ。サンゴだとあたたかくて浅い海，アサリだと比較的浅い海だったことがわかるよ。

---

27 植物学の日，1862年の旧暦4月24日が牧野富太郎の誕生日。

③ 胴乱に入れると植物を保存しやすいね。胴乱は，もともとは鉄砲の弾を入れる皮や布製の腰にかける袋のこと。薬や印章を入れる袋にも使われていたよ。

---

28 世界ペンギンの日，アメリカの南極基地にアデリーペンギンが現れる日。

① ペンギンは，最初に1匹が海に飛び込み，少ししてから他のペンギンが飛び込むよ。その最初の一匹のような勇気のある人をファーストペンギン（first penguin）と呼ぶよ。

---

29 1521年にマゼランが41歳で亡くなった日。

② マゼランがラテン語の穏やかな海という意味の名前を付けたよ。日本では穏やかという意味の太平という言葉を使って太平洋と呼ぶようになったと言われているよ。

---

30 庭の日，「よ（4）いにわ（28）の日」から。

③ 竜安寺の石庭は，白砂が敷き詰められた庭に，大小15の石が配置されているよ。白砂を水に，石を山に見立てる枯山水と呼ばれる庭園として知られているよ。

---

31 国際盲導犬の日，1989年に国際盲導犬連盟が発足した日。

③ 盲導犬の訓練技術がアメリカやイギリスから輸入されたことと，男女の言葉の違いや方言がある日本語では盲導犬が混乱するということから英語が使われているよ。

---

32 羊肉の日。

① ジンギスカン料理は，マトン（成長した羊の肉）やラム（子羊の肉）を使う焼き肉のことだよ。北海道を代表する郷土料理で北海道遺産に選ばれているよ。

5月

01 5月1日（道徳編）
Q 日本赤十字社の前身「博愛社」が初めて負傷者看護で活動を行ったのは？
① 薩英戦争　② 西南戦争　③ 桜島大正大噴火

02 5月2日（音楽編）
Q 夏も近づく八十八夜の歌でも知られる八十八夜はいつから数える？
① 元旦　② 立春　③ 4月1日

03 5月2日（図工編）
Q 鉛筆の4B，HB，4Hで，一番芯が柔らかいのは？
① 4B　② HB　③ 4H

04 5月2日（算数編）
Q 鉛筆より400円高い本を買った。合計430円だと鉛筆は何円？
① 10円　② 15円　③ 30円

05 5月3日（社会編）
Q 日本の国会にある二つの院の名前は？
① 参議院と衆議院　② 東院と西院　③ 衆議院と貴族院

06 5月4日（外国語編）
Q 英語でファイアファイター（firefighter）とは？
① 闘牛士　② ボクサー　③ 消防士

07 5月5日（社会編）
Q 自転車が車道を走る時の正しいルールは？
① 右側を走る　② 左側を走る　③ 左右どちらでも

08 5月5日（国語編）
Q 手話の「幸せ」はどんな動作に似ている？
① あごをなでる　② 自分の鼻を指さす　③ 手をたたく

5月

01 1877年に日本赤十字社の前身「博愛社」が設立された日。

② 佐野常民が「博愛社」を創立し，敵味方の差別無く救護するという考えから，熊本で政府軍と薩摩軍両方の負傷者を救護したんだよ。1887年に日本赤十字と改称したよ。

02 立春から88日目。

② 暦の上で春が始まる立春の日（2月4日ごろ）から数えて88日目のこと。この日から後は霜が降りないと言われ，農家では種まきや茶摘みが忙しくなるんだよ。

03 鉛筆の日，1886年に日本で鉛筆の工場生産が始まった日。

① 鉛筆の芯の柔らかさには，10Bから10Hまであるよ。芯が一番柔らかくて濃いのが10Bで，一番固くて薄いのが10Hだよ。

04 鉛筆の日，1886年に日本で鉛筆の工場生産が始まった日。

② 鉛筆が30円で本が400円だと思った人が多かったかな。これだと本は鉛筆より370円高いことになるから間違いなんだよ。鉛筆15円で本が415円だよ。

05 憲法記念日，1947年に日本国憲法が施行された日。

① 定員242人の参議院と定員480人の衆議院があるんだ。衆議院と貴族院は，明治23年から今の憲法に変わるまで大日本帝国憲法時代にあった院の名前だよ。

06 国際消防士の日，1998年にオーストラリアで消防士5人が亡くなった日。

③ ファイアは火，ファイターは戦う人で，ファイアファイターは消防士。闘牛士はブルファイター。ボクサーはもともと英語だよ。

07 自転車の日，5月の自転車月間のなかの祝日を自転車の日に定めた。

② 道路の中央から左側部分の左端に寄って通行するよう決まっているよ。13歳未満の子どもや70歳以上の高齢者，身体の不自由な人は歩道で自転車を運転できるよ。

08 手話の日，手話で左右の五本の指を使うことから。

① 手話は言語の一つ。手を中心とする身振りを用いて表現する話し方だよ。手話は表情も大切。「幸せ」の手話は，笑顔とともに使いたいね。

09 5月5日（家庭科編）
Q 子どもの日によく食べるもちは？
① かしわもち　② ぼたもち　③ さくらもち

10 5月7日（外国語編）
Q「キウイフルーツ」の「キウイ」とは？
① 人の名前　② 昆虫の名前　③ 鳥の名前

11 5月8日（図工編）
Q フランス出身でブルターニュやタヒチで作品を描いた有名な画家は？
① ピカソ　② ゴーギャン　③ ルノアール

12 5月8日（外国語編）
Q パイナップルは，パインとアップルを合わせた言葉。パインは何？
① 杉　② 竹　③ 松

13 5月9日（理科編）
Q 梅雨がないと言われている場所は？
① 沖縄県　② 北海道　③ 東北の日本海側

14 5月10日（社会編）
Q 引っ越しを90回以上もしたと言われている江戸時代の浮世絵師は？
① 喜多川歌麿（きたがわうたまろ）　② 歌川広重（うたがわひろしげ）　③ 葛飾北斎（かつしかほくさい）

15 5月11日（保健編）
Q 風邪などの予防のためにする「うがい」の語源は？
① 中国語の「洗う」　② うがいの時の音　③ 鳥を飼う鵜飼い

16 5月13日（外国語編）
Q 犬の耳を意味する英語「dog-ear」の意味は？
① しおり　② まくら　③ マフラー

5月

09 子どもの日。

① かしわもちは，あんを包んだもちを，カシワの葉で包み蒸したもの。子どもの日として祝う端午の節句に，ちまきと共に出される食べ物だよ。

10 ニュージーランド独立記念日。

③ 「キウイフルーツ」はニュージーランドで，国鳥「キーウィ」と外観が似ているという理由でつけられた名前だよ。キーウィはニワトリぐらいの大きさだけど飛べない鳥なんだよ。

11 1903年にゴーギャンが54歳で亡くなった日。

② フランスのパリで生まれたポール・ゴーギャンは，彫刻・版画・陶器などの作品も残しているよ。

12 松の日，日本の松の緑を守る会の全国大会が初めて開催された日。

③ パイナップルは英語でpineapple。pineが松でappleがリンゴ。実が松ぼっくりに似ていて，味がリンゴに似ているから二つを合わせた名前になったと言われているよ。

13 沖縄が梅雨入りするころ。

② 梅雨は北海道を除く全国で見られる自然現象。梅雨のころに北海道の太平洋側で雨が多く降ることがあるけれど，「えぞつゆ」と呼ばれて梅雨とは区別されているよ。

14 1849年に葛飾北斎が90歳で亡くなった日。

③ 風景画の傑作と言われる「富嶽三十六景」などの作品で知られる葛飾北斎はゴッホやセザンヌにも影響を与えたんだよ。90歳での人生で93回引っ越しをしているよ。

15 長良川鵜飼い開きの日。

③ 岐阜県長良川の鵜で鮎を捕る鵜飼いが語源。飲み込んだ鮎をはき出させることから，水や薬を口に入れすすいではき出すことを「うがい」というようになったんだよ。

16 愛犬の日。

① どこまで読んだかがわかるように本にはさむしおりのように，ページの隅を折ってつける印を，垂れた犬の耳と形が似ていることから「dog-ear」と言うんだよ。

17　5月14日（外国語編）

Q　けんだまを英語では何と言う？
　① ケンボール　② カップアンドボール　③ サムライムーン

18　5月15日（社会編）

Q　日本の歴史の中で実際に任命されていたことがある大臣は？
　① 相撲大臣　② 芸能大臣　③ 鉄道大臣

19　5月16日（国語編）

Q　松尾芭蕉が東北や北陸などを旅して書いた紀行文は？
　① 奥の細道　② 北の細道　③ 雪の細道

20　5月17日（社会編）

Q　伊能忠敬が日本地図を作成するため全国を測量したのは足かけ何年？
　① 2年　② 11年　③ 17年

21　5月18日（理科編）

Q　植物はいつ呼吸をしている？
　① 太陽が出ている間　② 月が出ている間　③ 一日中

22　5月20日（社会編）

Q　輸出入の金額が一番大きい空港として知られる成田国際空港は何県にある？
　① 東京都　② 茨城県　③ 千葉県

23　5月20日（国語編）

Q　現在使われている日本の紙幣すべてに印刷されているのは？
　① NIHON　② NIPPON　③ JAPAN

24　5月21日（社会編）

Q　リンドバーグがプロペラ機で単独無着陸横断を達成したのは？
　① 太平洋　② インド洋　③ 大西洋

5月

17 けん玉の日，1919年に日月ボールが実用新案に登録された日。

②　けん玉は世界各地にあるよ。日本でよく見られるけん玉は，大正時代に広島県の江草濱次（えぐさはまじ）氏がそれまでのものを改良したもので「日月ボール」と呼ばれていたよ。

18 1920年に鉄道省が初めて設置された日。

③　1920年から1943年まで鉄道や運輸行政を担当したのが鉄道省。通算24人の鉄道大臣がいたよ。現在，鉄道を担当するのは国土交通省の国土交通大臣だよ。

19 1689年に松尾芭蕉が『奥の細道』の旅へ旅立った日。

①　松尾芭蕉は江戸時代の有名な俳句をよむ人。江戸から東北や北陸を旅して岐阜県の大垣までの旅をまとめた有名な紀行文が『奥の細道』だよ。

20 1818年に伊能忠敬が73歳で亡くなった日。

③　1745年生まれの伊能忠敬は，1800年から1816年まで全国を歩いて測量し間宮林蔵などの協力も得て日本初の実測図「大日本沿海輿地全図（よち）」を完成したよ。

21 国際植物の日，欧州植物科学機構が制定。

③　植物も動物も一日中呼吸をしているよ。昼間は光合成もしているので，呼吸でできた二酸化炭素を外に出さずに取り込んで酸素を放出しているんだよ。

22 1978年に成田空港が開港した日。

③　東京都の東京国際空港（羽田空港）では広さが足りなくなったので，1978年に千葉県の成田市に成田国際空港が開港したんだよ。輸入も輸出も約10兆円だよ。

23 ローマ字の日，1922年に「日本ローマ字会」が創立された日。

②　どの紙幣にも，発行元の日本銀行をローマ字でＮＩＰＰＯＮ　ＧＩＮＫＯと印刷してあるよ。日本の切手にも同じようにＮＩＰＰＯＮと印刷してあるよ。

24 大西洋単独無着陸横断飛行が達成された日。

③　チャールズ・リンドバーグは，1927年5月20日にニューヨークを出発し翌21日に大西洋単独無着陸横断飛行を達成してパリに到着したんだよ。

25 5月22日（社会編）
Q 東京スカイツリーの高さは何を参考にして決められた？
① 昔の国名　② 歴史上の人物名　③ 星座名

26 5月23日（国語編）
Q 中国で発見されている，最も古い時代の漢字は何に書かれている？
① 亀のこうらや動物の骨　② 硬い石や大きな貝　③ 動物の皮や黄色い紙

27 5月25日（道徳編）
Q 江戸幕府の命令で薩摩藩が川の大改良工事をしたのは今のどこの県？
① 石川県　② 岐阜県　③ 高知県

28 5月26日（国語編）
Q 小倉百人一首の作者100人のうち女性は何人？
① 14人　② 21人　③ 58人

29 5月28日（理科編）
Q 花火の色は何で決まる？
① 火薬に混ぜる金属　② 火薬の色　③ 火薬の量

30 5月29日（家庭科編）
Q おでんやすき焼きの食材として人気があるこんにゃくの原料は？
① こんにゃく魚　② こんにゃく芋　③ こんにゃくわかめ

31 5月30日（家庭科編）
Q 安全に食べられる期限を意味するのは？
① 消費期限　② 賞味期限　③ 有効期限

32 5月31日（音楽編）
Q コンサートで眠っている人を起こすために作られたという逸話のある曲は？
① ホルストの惑星　② ベートーベンの運命　③ ハイドンの驚愕（きょうがく）

5月

25 2012年に東京スカイツリーがグランドオープンした日。

① 東京スカイツリーの高さは634mで世界一高い自立式電波塔だよ。634は，昔の国名のひとつで，東京・埼玉など広い範囲を指す武蔵国に合わせた数字だよ。

26 世界亀の日，アメリカのAmerican Tortoise Rescueが制定。

① 中国が殷という国だった三千年以上前に，占いの結果を亀のこうらや，いのしし・しかなどの骨に彫る時に使われた甲骨文字が最古の漢字とされているよ。

27 1755年に工事の完了を見届けた平田靭負が亡くなった日。

② 木曽川・長良川・揖斐川の工事では，薩摩藩の人が大勢亡くなった。岐阜県の人々からは「薩摩義士」として感謝されている。姉妹県盟約を結んで交流しているよ。

28 1235年に小倉百人一首が完成した日。

② 藤原定家が百人の歌人の和歌から選んだ作品集だよ。小野小町，清少納言など21人の女性の作品が選ばれているよ。

29 1733年に隅田川で日本初の花火が打ち上げられた日。

① ナトリウムだと黄色，銅だと青色，バリウムだと緑色のように，火薬に混ぜる金属が燃える時の色で花火の色は変わるんだよ。

30 こんにゃくの日，「こん（5）にゃ（2）く（9）」から。

② こんにゃくはサトイモ科のこんにゃく芋から作るんだ。こんにゃく芋の80％以上は群馬県で生産されているよ。低カロリーの食材としても人気があるよ。

31 消費者の日，1968年に消費者保護基本法が公布・施行された日。

① 安全に食べられる期限が消費期限で過ぎたら食べない方がいいよ。おいしく食べられる期限が賞味期限で，過ぎてもすぐに食べられなくなるわけではないんだよ。

32 1809年にハイドンが77歳で亡くなった日。

③ フランツ・ヨーゼフ・ハイドンが1791年に作曲した交響曲第94番ト長調「驚愕」は，演奏会場で居眠りしている観客を起こすために作られたといわれているよ。

6月

01 6月1日（算数編）
Q 日本工業規格（JIS）で定められているトイレットペーパーの幅は？
① **96 mm** ② **100 mm** ③ **114 mm**

02 6月2日（社会編）
Q 日本の市町村で一番人口が多いのは？
① **大阪市** ② **横浜市** ③ **名古屋市**

03 6月3日（社会編）
Q 日本で土地の高さを測量する基準になる日本水準原点はどこにある？
① **国会前庭の庭園内** ② **富士山登山口近く** ③ **京都大学正門前**

04 6月4日（社会編）
Q 江戸時代に武士が差していた二本の刀についての説明で正しいのは？
① **一本は短い刀だった** ② **一本は竹でできていた** ③ **全く同じ刀二本だった**

05 6月4日（理科編）
Q ゾウの歯は何本？
① **4本** ② **14本** ③ **40本**

06 6月5日（国語編）
Q 落語で本題に入る前にする話を何という？
① **ネマキ** ② **フトン** ③ **マクラ**

07 6月6日（国語編）
Q 音声の大小・高低・抑揚などに変化を付けることを何という？
① **こじつける** ② **ビブラートをかける** ③ **めりはりをつける**

08 6月6日（国語編）
Q めでたい時に使われる松竹梅の模様のうち，不老長寿を表すのは？
① **松** ② **竹** ③ **梅**

6月

01 1949年に日本工業規格が制定された日。
③ 日本が参考にしたアメリカのトイレットペーパーが幅4.5インチ（114mm）だったんだ。ヨーロッパでは幅100mmが普通なんだよ。

02 港の日，1859年に横浜港と長崎港が開港した日。
② 一位が神奈川県の横浜市で約371万人，二位が大阪府の大阪市で約269万人，三位は愛知県の名古屋市で約228万人だよ。

03 1949年測量法が公布された日。
① 日本水準原点は東京都千代田区永田町国会前庭の，明治24年（1891年）に建てられた石造りの建物のなかにあるよ。

04 武士の日，「ぶ（6）し（4）」，大坂夏の陣で豊臣氏が滅亡した日だから。
① 侍が差していた長い刀が主兵装で本差，短い方の刀を脇差。脇差は，本差が使えなくなった時の予備の刀。江戸時代には本差と脇差の長さも決められていたよ。

05 虫歯予防デー，「む（6）し（4）ば」から。
① ゾウの歯は大きな臼歯が上下左右に1本ずつで計4本。寿命は60年以上で生きている間に4本の歯が6回生え替わる。6月4日〜10日は歯と口の健康週間だよ。

06 落語の日。
③ 落語は，マクラ，本題，オチで構成されているよ。マクラでは，落語家が自己紹介や，本題と関係のある話や言葉の説明をして観客が本題を楽しめるようにしているよ。

07 邦楽の日，昔から6歳6月6日が手習いの開始の日とされていたから。
③ 「めり」が音を低くすること，「はり」が音を高くすることを意味する邦楽（日本の伝統的な音楽）の言葉から生まれたのが「めりはり」だよ。

08 梅の日，梅を贈って健康を祝し，ロマンを語る日として制定。
③ 梅は老木でも新しい枝が生えることから不老長寿を，松は冬でも緑色をしていることから長寿を，竹は育つのが早くまっすぐのびるから子孫繁栄を表しているよ。

09 6月8日（理科編）

Q 海水の塩分濃度は何パーセントぐらい？
① 約30パーセント　② 約3パーセント　③ 約0.3パーセント

10 6月8日（社会編）

Q 観阿弥（かんあみ）と世阿弥（ぜあみ）が大成した日本の伝統芸能は？
① 歌舞伎　② 狂言　③ 能

11 6月9日（国語編）

Q 絵本『ぐりとぐら』で，野ねずみのぐりとぐらが大きな卵で作るのは？
① 大きな目玉焼き　② 大きなプリン　③ 大きなカステラ

12 6月9日（社会編）

Q 日本の国宝に指定されている文化財は全部で約何点ある？
① 約500点　② 約1000点　③ 約3500点

13 6月10日（算数編）

Q 長針と短針で時刻を表す時計で，長針と短針は一日に何回重なる？
① 22回　② 23回　③ 24回

14 6月11日（国語編）

Q 金属製の骨に布などを張った傘を，形が似ていることから何と言う？
① つばさ傘　② わし傘　③ こうもり傘

15 6月12日（社会編）

Q 明治時代の1884年に，日本初のバザーが開かれた場所は？
① 上野公園　② 鹿鳴館　③ 横浜港

16 6月13日（国語編）

Q 勝負を決める大切な場面を意味する山の名前は？
① 天王山（てんのうざん）　② 阿蘇山　③ 天城山（あまぎやま）

09 世界海洋デー，国連制定。

② 海水を味見するととてもしょっぱいけど，塩分は3％ちょっとだよ。100gの海水の中に3gの塩分が溶けていることになるね。96％以上は水分だよ。

10 1384年に観阿弥が52歳で亡くなった日。

③ 観阿弥と世阿弥は親子。二人とも室町時代に活躍した能楽師。世阿弥が書いた『風姿花伝』は能の入門書としても人の生き方の参考になる本としても知られているよ。

11 たまごの日，『卵』の漢字が数字の『6』と『9』に見えることから。

③ 『ぐりとぐら』シリーズは，子どもたちに大人気。二匹は「おりょうりすることたべること」が大好き。第一作では，おいしそうな大きなカステラを作るんだよ。

12 1951年に国宝の第一次指定が行われた日。

② 国（文部科学大臣）から国宝に指定されている文化財は，絵画・彫刻・工芸品など全部で1092点だよ。種類別では工芸品が252点で一番多いよ。

13 時計の日と時の記念日，671年に日本初の時計が鐘を打った日。

① 一時間に一度重なるから24回だと思いがちなんだけど，午前11時台と午後11時台には一度も重ならないから一日に長針と短針が重なるのは22回なんだよ。

14 傘の日，6月11日が暦の上で設定された雑節である入梅の日。

③ 竹の骨に紙を貼った和傘と区別して洋傘とも呼ばれているよ。開いた時の形がこうもりに似ているから付けられたという説が有力。

15 バザー記念日，1884年に日本初のバザーが鹿鳴館で開催された初日。

② 鹿鳴館は，欧米諸国との条約改正を実現するため，外国人を招待して華やかな宴会や舞踏会が行われた洋館。日本初のバザーは，第1回婦人慈善市として開催された。

16 1582年に明智光秀が羽柴秀吉に討たれた戦いのあった日。

① 天王山は京都府にある海抜270mの山。ここで羽柴秀吉（後の豊臣秀吉）が明智光秀を破ったことから，スポーツなどで勝負を決める場面を天王山と呼ぶようになったんだよ。

17 6月15日（社会編）
Q 鎌倉幕府を開いた源頼朝の弟，源義経の幼い時の名前は何？
① 鬼武者　② 虎千代　③ 牛若丸

18 6月16日（家庭科編）
Q 寿司の脇に添えてあるガリと呼ばれる薄切りの食べ物は何の甘酢漬け？
① ショウガ　② ニンニク　③ ミョウガ

19 6月17日（社会編）
Q 交番や派出所に勤務して市民の安全を守る警察官の正式な名前は？
① 派出所警察官　② 市民警察官　③ 地域警察官

20 6月18日（社会編）
Q 日本最古のおにぎりが発見されたのは何時代の遺跡から？
① 縄文時代　② 弥生時代　③ 奈良時代

21 6月19日（社会編）
Q 日本の元号で最も多く使われている漢字は？
① 永　② 平　③ 鳥

22 6月21日（体育編）
Q 柔道で十段の選手がつける帯の色は？
① 白色　② 黒色　③ 紅色

23 6月21日（家庭科編）
Q 「弁当」の名前を最初に考えたという伝説があるのはだれ？
① 織田信長　② 聖徳太子　③ 千利休

24 6月22日（国語編）
Q 山口素堂の俳句『目には青葉山ほととぎす初鰹』に季語はいくつ？
① 一つ　② 二つ　③ 三つ

6月

17 1189年に源義経が31歳で亡くなった日。

A③ 武士や貴族の子どもに、幼名という幼い時だけの名前を付けていた時代があったんだよ。源頼朝の幼名は鬼武者、西郷隆盛の幼名は小吉だよ。

18 生姜の神をまつる波自加彌神社で「はじかみ大祭」が行われる日。

A① 大きなショウガをがりがりとかんでいたから、ガリと呼ばれるようになったと言われているよ。ショウガの多くは輸入品だけど、高知や熊本でも生産されているよ。

19 おまわりさんの日。

A③ 地域警察官は、人々の安全を守るためのパトロール、事件事故への対応、各家庭への訪問、落とし物の受付、道案内、迷い子の保護などをしているよ。

20 おにぎりの日。

A② 石川県の旧・鹿西町の遺跡からおにぎり状の炭化米が発見されたよ。鹿が「ろく」、18日が毎月「米食の日」だから、6月18日をおにぎりの日に制定したんだよ。

21 元号の日。645年に中大兄皇子が日本初の元号「大化」を定めた日。

A① 南北朝時代の双方の年号も入れて令和までの年号の数は248。1位は「永」で29回。最初に永が使われたのは永観だよ。2位は「元」と「天」で各27回だよ。

22 IOCが、1964年に東京オリンピックで柔道を正式種目に決定した日。

A③ 帯の色は、白・黄・橙など級や段によって変わるよ。初段から五段は黒、六段から八段は紅白、九段と十段は紅(赤)。十段は日本人では歴史上15人しかいないよ。

23 1582年に織田信長が本能寺の変で明智光秀に襲撃され亡くなった日。

A① 織田信長が、城でたくさんの人に食事を配る時、一人一人に配る簡単な食事という意味で「弁当」という名前を使ったのが始まりと言われているよ。

24 夏至のころ。

A③ 俳句には季語を入れるというルールがあるよ。多くの俳句は一つの季語だけ使うけど、この俳句には、青葉・山ほととぎす・初鰹の三つの夏の季語が使われているんだよ。

25　6月23日（社会編）

Q 6月23日は沖縄慰霊の日，沖縄戦の何にちなむ日？
① 地上戦が始まった日　② 組織的戦闘が終わった日　③ 降伏の調印をした日

26　6月24日（音楽編）

Q「春が来た」の最初の「は」は，どの音階？
① ド　② ミ　③ ソ

27　6月25日（図工編）

Q 百年以上前から建築中の「サグラダ・ファミリア」を設計したのは？
① アントニオ・ガウディ　② ミケランジェロ　③ パブロ・ピカソ

28　6月25日（社会編）

Q 奈良時代に僧として活躍した行基は何の完成に協力したことで有名？
① 平城京　② 奈良の大仏　③ 平等院鳳凰堂

29　6月26日（国語編）

Q 自分より年上の人などから大声でしかられることを何と言う？
① 雷ににらまれる　② 雷が落ちる　③ 雷にふれる

30　6月28日（社会編）

Q 日本で6月28日がパフェの日に決められたのは，何と関係がある？
① パフェ専門店が初開店　② パフェが伝わった日　③ プロ野球初の完全試合

31　6月29日（理科編）

Q 星座は全部でいくつある？
① 68　② 88　③ 108

32　6月30日（国語編）

Q「人はいさ心も知らずふるさとは花ぞ昔の香ににほひける」の花は？
① 桜　② 梅　③ 菊

25 沖縄慰霊の日，沖縄戦の組織的戦闘が終わった日。

A② 沖縄戦は，1945年3月26日に始まり6月23日に組織的戦闘が終結。糸満市摩文仁(いとまんしまぶに)の平和祈念公園では，沖縄全戦没者追悼式が開催されるよ。

26 ドレミの日，1024年イタリアのダレッツオがドレミの音階を定めた日。

A③ 「春が来た」は春のおとずれを喜ぶ歌。歌うと元気が出るね。「春が来た春が来た どこに来た」の音階は，「ソミファソラ ソミファソド ラソミドレ」だよ。

27 1852年にアントニオ・ガウディが生まれた日。

A① スペインの建築家アントニオ・ガウディの代表作がサグラダ・ファミリア。壮大な建物で有名な観光地にもなっているよ。2026年完成予定だよ。

28 763年に鑑真が76歳で亡くなった日。

A② 行基は仏の教えを広めながら全国を歩いて，寺を建てたり橋や用水路を造ったりするなど人々のためにつくし尊敬された僧だよ。聖武天皇に招かれ東大寺の建立に協力したよ。

29 雷記念日，930年に菅原道真(すがわらのみちざね)のたたりと言われる落雷があった日。

A② 「雷が落ちる」は，雷の音が大きいことから，大きな声でどなられてしかられることを言うよ。周囲に響き渡る大きな声という意味の「雷声」という言葉もあるよ。

30 1950年に藤本英雄投手が日本初のパーフェクトゲームを達成した日。

A③ パフェの語源はパーフェクト（完全）。巨人の藤本英雄投手が，日本プロ野球初の完全試合（走者を一人も出さない完投勝利）を達成したことにあやかったんだよ。

31 1900年に『星の王子さま』の作者サンテグジュペリが生まれた日。

A② 1928年に国際天文学連合が星座の数を88と決めたよ。日本から全く見えないのは，カメレオン座，テーブルさん座，はちぶんぎ座，ふうちょう座の4つだよ。

32 945年に紀貫之が78（79）歳で亡くなった日。

A② 百人一首に収録されている紀貫之(きのつらゆき)の作品だよ。あなたの心はわからないけれど，慣れ親しんだこの里の梅の花だけは昔のままの香りがしているという意味だよ。

7月

01 7月1日（国語編）
Q ことわざ「急がば回れ」が生まれた舞台と言われているのは？
① 琵琶湖　② 富士山　③ 瀬戸内海

02 7月1日（理科編）
Q タコが泳ぐときの足の使い方で正しいのは？
① 足を8本全部使う　② 足を2本だけ使う　③ 足は使わない

03 7月2日（社会編）
Q うどん県を名乗ってPR活動をしている県は？
① 秋田県　② 奈良県　③ 香川県

04 7月2日（社会編）
Q 世界自然遺産を登録する国際連合教育科学文化機関の略称は？
①　ユニセフ　②　ユネスコ　③　ユニコーン

05 7月4日（社会編）
Q アメリカの旗には☆がいくつえがかれている？
① 13　② 50　③ 77

06 7月4日（国語編）
Q 「有りの実」といえば何のこと？
① りんご　② かき　③ なし

07 7月6日（音楽編）
Q ピアノの鍵盤の数はいくつでしょう？
① 68　② 78　③ 88

08 7月7日（理科編）
Q 竹の花はどれぐらいの周期で咲く？
① 毎年春に咲く　② 五年に一度咲く　③ 数十年に一度咲く

7月

01 琵琶湖の日，琵琶湖の環境を保全するため滋賀県環境基本条例で設定。

① 草津宿（草津市）から大津宿（大津市）に行く時に，琵琶湖を船で渡る近道より，陸路を歩く遠回りの道が安全で結局早いということから生まれたことわざだよ。

02 タコの日，関西地方で7月1日頃にタコを食べる人が多いから。

③ タコは，口とは別の「ろうと」という管から水を後ろにはいて泳ぐんだよ。泳ぐ時8本の足は使わないんだよ。

03 香川県，2011年に香川県が『うどん県』に改名しましたと宣言した日。

③ 日本一のうどん生産県が四国の香川県。本当にうどん県に名前をかえたのかと思わせる広告は，見る人をびっくりさせて，香川県のうどんをもっと有名にしたよ。

04 ユネスコ加盟記念日，1951年に日本がユネスコに加盟した日。

② ユネスコは国際連合の経済社会理事会の下にある，教育・科学・文化の発展と推進を目的とした専門機関のことだよ。

05 アメリカの独立記念日，1776年にアメリカ独立宣言が公布された日。

② アメリカ国旗の白い星の数は州の数。独立当時は13州で星も13。州も星の数も少しずつ増えて1959年に50番目のハワイ州が加わり星も50個になったよ。

06 梨の日，「な（7）し（4）」から。

③ 昔の人が，なしが「無し」に通じるのを嫌がって，反対の意味の有りを使って「有りの実」と呼ぶようにしたんだよ。

07 ピアノの日，1823年シーボルトが日本に初めてピアノを持ちこんだ日。

③ イタリアのクリストフォリが1700年にピアノを発明した時は54で，少しずつ増えてきたんだよ。88以上に増やしても，雑音にしか聞こえないんだって。

08 竹・たけのこの日，竹取物語のかぐや姫が竹の中から生まれた日。

③ 竹の花はなかなか見ることができないんだよ。日本で一番多い真竹は120年目に，二番目に多い孟宗竹（もうそうちく）の花は67年目に咲いた例が記録されているよ。

09 7月7日（理科編）

Q 七夕の星として知られる，織姫と彦星の距離は光の速さでどれぐらい？
① **1週間** ② **5年** ③ **15年**

10 7月8日（社会編）

Q 向井千秋（むかいちあき）は，日本人女性初の（　　　）。（　　　）に入るのは？
① **宇宙飛行士** ② **知事** ③ **最高裁判事**

11 7月8日（体育編）

Q 縄跳びで，交差二重跳びと平二重跳びを繰り返す跳び方は？
① **ツバメ跳び** ② **ハヤブサ跳び** ③ **キツツキ跳び**

12 7月10日（国語編）

Q 納豆はどの季節の季語？
① **夏** ② **秋** ③ **冬**

13 7月11日（社会編）

Q 人口10億人以上の国の数は？
① **1** ② **2** ③ **3**

14 7月12日（図工編）

Q 「今年の花火見物はどこへ行こうかな」が最後の言葉になった画家は？
① **山下清** ② **雪舟** ③ **シャガール**

15 7月13日（社会編）

Q 子午線の「子午」は何を表す言葉？
① **時間** ② **方角** ③ **形**

16 7月14日（社会編）

Q 1871年，廃藩置県が行われた時に誕生したのは？
① **1都3府72県** ② **1都1道2府43県** ③ **3府302県**

7月

09 七夕，一年に一度織女星（織姫星）と牽牛星（彦星）が天の川の上でデートをする日。

A③ 光が一秒に進む距離はなんと地球7周半。織姫と彦星の距離は，その速さで15年もかかるんだよ。

10 1994年に日本人女性初の宇宙飛行士向井千秋さんが宇宙へ旅立った日。

A① 日本人女性初の知事は太田房江，同じく最高裁判事は高橋久子。向井千秋は，スペースシャトル「コロンビア号」で，宇宙に出発したよ。

11 なわの日，「な（7）わ（8）」から。

A② ハヤブサは，急降下する時，時速200km以上のスピードを出す世界一速く飛ぶ鳥なんだよ。小惑星探査機『はやぶさ』の地球への帰還が2000年に話題になったね。

12 納豆の日，「なっ（7）とう（10）」から。

A③ 今日は納豆の日だよ。でも，「納豆」も「納豆汁」も冬の季語なんだ。一年中食べる納豆がどうして冬の季語になっているのかはっきりわかっていないんだよ。

13 世界人口デー，1987年に世界の人口が50億人を突破した日。

A② 人口が10億人以上の国は，約14億人の中国と約13億人のインドだけだよ。3番目が約3億人のアメリカ合衆国だよ。

14 1971年に山下清が49歳で亡くなった日。

A① 日本各地を旅したことで知られる画家の山下清は，旅先で見た光景をもとに，自宅などでちぎり紙細工の作品を仕上げたんだよ。花火見学が好きだったんだね。

15 1886年に日本中央子午線（東経135°）が制定された日。

A② 中国では方角を十二支で表していたんだよ。真北が「子」で真南が「午」だよ。子午線は真北と真南を結んだ線という意味で，地球上には無数にあるよ。

16 1871年に廃藩置県が行われた日。

A③ 3府は東京府，大阪府，京都府。302県は同年内に72県に再編成されたよ。今の1都1道2府43県になったのは，沖縄県が日本に復帰した1972年だよ。

17　7月15日（社会編）

Q 標準時の電波送信所は，東北の大鷹鳥谷山（おおたかどややま）と九州の何山にある？
① 羽金山（はがねやま）　② 有美山（あるみやま）　③ 砂岩山（さがんやま）

18　7月16日（社会編）

Q 全世界の海を意味する時に使われる言葉は？
① 五つの海　② 七つの海　③ 十八の海

19　7月17日（社会編）

Q 東京まで50kmと表示されている時，東京のどこまでの距離。
① 国会議事堂　② 東京駅　③ 日本橋

20　7月18日（理科編）

Q ホタテ貝はどうやって移動する？
① 貝を開閉して泳ぐ　② カメに乗って動く　③ 砂の上を歩く

21　7月19日（算数編）

Q 1, 5, 10, 50, 100, 500, 1000, □, 5000, 10000　□に入る数字は？
① 1500　② 2000　③ 2500

22　7月20日（理科編）

Q 最後に人間が月面に上陸したのはいつ？
① 1972年　② 1994年　③ 2012年

23　7月21日（社会編）

Q 日本三景の一つとして知られる宮城県の松島は特に何が有名？
① 海上に浮かぶ大鳥居　② 細長い砂地　③ たくさんの島々

24　7月22日問題（国語編）

Q 青山剛昌（ごうしょう）さんの漫画『名探偵コナン』。コナンの名前は何からつけた？
① 困難な事件　② 名探偵コナン・ペルモンド　③ 推理作家コナン・ドイル

7月

17 日本標準時制定記念日，1886年7月12日。

① 電波時計は，送信所からの電波を受けて自動的に時刻を合わせる時計。電波が正常に受信できる場所なら秒単位で正確な時刻を知ることができるよ。

18 海の日，海洋国家として広く国民に海への理解と関心を求める日。

② 具体的にどの海と決まっていないけど，北大西洋，南大西洋，北太平洋，南太平洋，インド洋，北極海（北氷洋），南極海（南氷洋）を指すことが多いよ。

19 東京の日，1868年に江戸が東京府に改称された日。

③ 日本橋(にほんばし)は，東京都中央区の日本橋川にかかる橋だよ。現在の日本橋は明治44年に建造された石橋で，中央に国道の起点になっている道路元標(げんぴょう)があるよ。

20 毎月18日はホタテの日，「ホ」を分解した「十八」から。

① ホタテ貝は大きな二枚貝。カスタネットを演奏する時のように二枚の殻を開けたり閉めたりして飛ぶように泳ぐんだよ。

21 2000年に2000円札が発行された日。

② 1円玉，5円玉……そう，日本で使われているお金の種類だよ。1000円札の次に金額の大きいお金は，2000円札だよ。

22 1969年にアポロ11号が月面に着陸した日。

① 1969年のニール・アームストロングから1972年のユージン・サーナンまで月を歩いた人間は12人だよ。

23 日本三景の日，宮城県松島，京都府天橋立，広島県宮島をPRする日。

③ 松島は，松島湾内外にある260余りの島々が有名で，年間数百万人が訪れる観光地だよ。松尾芭蕉が訪れたことでも知られているよ。

24 1930年にコナン・ドイルが71歳で亡くなった日。

③ コナン・ドイルは名探偵シャーロック・ホームズを生んだイギリスのスコットランドの推理作家。名探偵コナンの名字は江戸川で，推理作家の江戸川乱歩からつけられたんだ。

25　7月24日（理科編）

Q アクタガワ，バッハ，ベートーヴェンなどのクレーターがある惑星は？
　① 月　② 火星　③ 水星

26　7月24日（体育編）

Q ハンドボールで本当にあるシュートは？
　① 倒れこみシュート　② 前回りシュート　③ 側転シュート

27　7月25日（社会編）

Q かき氷を食べたことが記録されている最も古い本は？
　① 鴨長明(かものちょうめい)の『方丈記(ほうじょうき)』　② 吉田兼好(よしだけんこう)の『徒然草(つれづれぐさ)』　③ 清少納言(せいしょうなごん)の『枕草子(まくらのそうし)』

28　7月26日（理科編）

Q 毎月26日は風呂の日。ネズミの仲間で風呂好きの動物は？
　① カピバラ　② ナマケモノ　③ コアラ

29　7月26日（社会編）

Q 1945年に日本に降伏を呼びかけたポツダム宣言のポツダムとは？
　① アメリカ大統領の名前　② ドイツの都市の名前　③ ギリシャ神話の神の名前

30　7月27日（社会編）

Q 7月27日がスイカの日になったのは何と関係があるでしょうか。
　① 日本に伝わった日　② 皮の模様　③ 出荷が始まる日

31　7月29日（図工編）

Q 「ひまわり」で知られる画家ゴッホの絵は，生前に何枚売れた？
　① 一枚　② 五枚　③ 三十枚

32　7月31日（国語編）

Q ゴドリックの谷の魔法族の家に生まれた今日が誕生日の主人公は？
　① サリーちゃん　② キキ　③ ハリー・ポッター

7月

25 1927年に小説家芥川龍之介が35歳で亡くなった日。河童忌。

③ 水星には画家や音楽家など芸術家の名前が多く付けられているよ。アクタガワは小説家の芥川龍之介から。バショー，フタバテイ，ホクサイ，ソーセキなどもあるよ。

26 1922年に大谷武一がハンドボールを日本に初めて紹介した日。

① ハンドボールはボールを相手ゴールに投げ入れる競技。倒れながらゴールをねらう倒れこみシュートやボールを空中でもらい着地前に投げるスカイプレーなどがあるよ。

27 かき氷の日，かき氷の別名夏氷「な（7）つ（2）ご（5）おり」から。

③ 『枕草子』に「削り氷にあまづら入れて」とあるよ。「削り氷」は氷を削ったかき氷で，「あまづら」はかき氷にかけるツタの樹液を煮詰めて作った甘い汁のことだよ。

28 風呂の日，「ふ（2）ろ（6）」から。

① カピバラは水辺の草原や森林に住み，ジャガーやワニなどに襲われそうな時は水中に逃げるんだよ。鹿児島県の平川動物公園のバク・カピバラ舎には温水プールがあるよ。

29 1945年にポツダム宣言が発表された日。

② ドイツのポツダムにあるツェツィーリエンホーフ宮殿で行われた会議で話し合われ1945年7月26日に，米・英・中三国の名前で出されたのがポツダム宣言だよ。

30 スイカの日。

② スイカの皮は縦縞模様で綱に似ていることから，「夏（7）の綱（27）」と読んで27日を記念日にしたんだよ。

31 1890年にゴッホが37歳で亡くなった日。

① オランダ出身の画家ゴッホの絵で生前に売れたのは，「赤い葡萄畑」一枚だと言われているよ。人々が夕方に葡萄畑で農作業をする様子を描いた作品だよ。

32 ハリー・ポッターの誕生日。

③ 作家J・K・ローリングの小説ハリー・ポッターシリーズに登場する魔法使いがハリー・ポッターだよ。誕生日は1980年の7月31日だよ。

8月

01 8月1日（体育編）
Q 相撲をとる前に，口にふくんで身を清める水を何と言う？
① 雷水　② 力水　③ 花水

02 8月1日（社会編）
Q 全国高校学校野球選手権大会の会場，甲子園球場があるのは？
① 大阪府　② 兵庫県　③ 東京都

03 8月8日（算数編）
Q 税務署の地図記号は何の形からつくられた？
① お金（硬貨）　② 貝　③ そろばんの玉

04 8月9日（図工編）
Q 長崎市にある平和祈念像の水平に伸びる左手は何を表している？
① 原爆の脅威　② 平和　③ 友情

05 8月10日（図工編）
Q 鳩が平和のシンボルとして広まったのは，だれが描いたポスターから？
① マルク・シャガール　② ジョン・レノン　③ パブロ・ピカソ

06 8月15日（社会編）
Q 1945年8月15日の出来事として正しいのは？
① ポツダム宣言受諾　② 終戦の玉音放送　③ 降伏文書の調印

07 8月25日（社会編）
Q 日本の信号機では，赤信号は，向かってどちら？
① 左　② 真ん中　③ 右

08 8月28日（音楽編）
Q バイオリンの胴体の二つの穴はどの文字に似ている？
① t　② f　③ y

8月

01　水の日，広く健全な水循環の重要性についての理解や関心を深める日。
② 相撲をとる力士が前の取組で勝った力士から渡される水が力水。ひしゃくで渡された水を少し口に含んで力紙と呼ばれる紙で汗を拭く時にはき出すんだよ。

02　1924年に甲子園球場が開場した日。
② 正式な名前は阪神甲子園球場。兵庫県西宮市にあるよ。プロ野球の阪神タイガースの本拠地としても知られているよ。

03　そろばんの日，そろばんを弾く音「パチ（8）パチ（8）」から。
③ 税務署は，税金を扱うのが仕事なので，計算をするのに昔よく使われていたそろばんの玉と軸の形からデザインされたんだよ。

04　8月6日は広島原爆の日，9日は長崎原爆の日。
② 1945年8月9日，長崎市に原子力爆弾が投下された。北村西望(きたむらせいぼう)作の像の台座に「右手は原爆を示し，左手は平和を，顔は戦争犠牲者の冥福を祈る」と刻まれているよ。

05　鳩の日，「は（8）と（10）」から。
③ オリーブの枝をくわえた鳩は，旧約聖書に登場するよ。ピカソが1949年のパリ国際平和擁護会議のために描いたポスターで，世界中に知られるようになったんだよ。

06　正午にNHKが昭和天皇による終戦の詔書の音読を放送した。
② 日本政府がポツダム宣言の受諾を連合国各国に通告したのが8月14日，玉音放送で日本の降伏が公表されたのが8月15日。日本政府が，降伏文書に調印したのが9月2日だよ。

07　交通信号の日，1931年に日本初の3色灯の交通信号機が設置された日。
③ 日本のように左側通行の国は，左から青・黄・赤で，右側通行の国では，左から赤・黄・青なんだ。赤が運転手から見やすい場所に置いたらしいよ。

08　バイオリンの日。1880年に松永定次郎が初の国産バイオリンを制作した日。
② バイオリンの胴体に左右対称に空いている穴はf字孔と呼ばれていて，いい音を出すために大切な役割を果たしているんだよ。

9月

01 9月1日（社会編）
Q 9月1日は，何にちなんで「防災の日」に定められた？
① 関東大震災　② 桜島大噴火　③ 伊勢湾台風

02 9月2日（理科編）
Q 戦後タイから日本に来て，2016年に66歳で死亡した動物は？
① キリンのたろう　② ライオンのひろ子　③ 象のはな子

03 9月3日（外国語編）
Q お菓子で人気の「グミ」はもともとドイツ語の何と言う意味の言葉？
① コラーゲン　② ゴム　③ ガム

04 9月4日（理科編）
Q クジラを大きく二つに分類すると何クジラと何クジラに分けられる？
① ヒゲクジラとハクジラ　② ヘソクジラとメクジラ　③ アカクジラとキクジラ

05 9月5日（理科編）
Q 石炭はもともとは何？
① 隕石　② 動物　③ 植物

06 9月5日（道徳編）
Q マザーテレサの言葉『愛の反対は憎しみではなく（　）です』（　）に入るのは？
① 無知　② 無効　③ 無関心

07 9月6日（理科編）
Q 「鳥」より一画少ない「烏」は何と読む字？
① モズ　② カラス　③ ことり

08 9月7日（社会編）
Q ポルトガル語を主に話す人が一番多い国は？
① ポルトガル　② アメリカ合衆国　③ ブラジル

9月

01 1923年に関東大震災が発生した日。

① 1923年9月1日に発生した関東大震災にちなんで定められたのが防災の日。全国各地で台風，高潮，津波，地震などの災害に対する防災訓練が行われるよ。

02 1949年にタイを船で発ったはな子が神戸港に着いた日。

③ 終戦後にタイから日本にやってきた象のはな子は，井の頭自然文化園で約30年間山川清蔵さんに飼育されるなど多くの物語が知られる人気者だったんだよ。

03 グミの日，「グ（9）ミ（3）」から。

② ゼラチンに果汁などで味をつけ，ゴムのように弾力のある形に固めたお菓子がグミだよ。ドイツで，子どもたちのかむ力をつけるために開発されたお菓子だよ。

04 鯨の日，「く（9）じ（4）ら」から。

① クジラは，口の中にクジラヒゲがあるザトウクジラなどのヒゲクジラ類と，口の中に歯があるマッコウクジラなどのハクジラ類に分類することができるよ。

05 石炭の日，石炭の別名「ク（9）リーンコ（5）ール」から。

③ メタセコイアなどの植物が地中に埋もれ，長い時間をかけて石のような固い物質になったものが石炭。地球温暖化の原因になる二酸化炭素を排出する燃料の一つだよ。

06 1997年にマザーテレサがインドのコルカタで亡くなった日。

③ 『愛の反対は憎しみではなく無関心です』が正解。貧しさや病気に苦しむ人々のために活動し世界の人々に影響をあたえたことでノーベル平和賞を受賞したんだよ。

07 カラスの日，「英語crow（クロウ），黒（96）い体」から。

② モズは百舌，ことりは小鳥だよ。カラスには別に鴉という漢字もあるよ。三人組を三羽烏，風呂からすぐに上がることを烏の行水（ぎょうずい）などというよ。

08 ブラジル，ブラジルがポルトガルから独立した独立記念日。

③ ポルトガルの人口は約1000万人。長い間ポルトガルが治めていたブラジルには，ポルトガル語を母語とするブラジル人が1億8000万人もいるんだよ。

09　9月8日（理科編）

Q 日本人で初めてノーベル賞を受賞したのは？
① 川端康成　② 湯川秀樹　③ 朝永振一郎

10　9月9日（音楽編）

Q 大正琴の説明で正しいのはどれ？
① 中国で発明された楽器　② 弦は金属製　③ 弦は8本

11　9月9日（算数編）

Q かけ算九九で，答えの一の位と十の位を足すと同じ数字になるのは？
① 三の段　② 八の段　③ 九の段

12　9月10日（社会編）

Q 9月10日を下水道の日に決めたのは何と関係がある？
① 水泳大会　② 日本初の下水道　③ 台風

13　9月11日（図工編）

Q 日本画家・田中一村は奄美大島で何をしながら絵をかいた？
① 大島紬の染色　② ハブとり　③ 三味線づくり

14　9月12日（理科編）

Q 宇宙飛行士，毛利衛が地球に戻って話した「宇宙からは」の続きは？
① 緑の大地が見えた　② 無数の命が見えた　③ 国境線は見えなかった

15　9月12日（社会編）

Q 明治時代，隣の県に5年間併合された歴史を持つ県は？
① 三重県　② 鳥取県　③ 富山県

16　9月13日（理科編）

Q 満月が見られるときの，月と太陽と地球の並び方で正しいのは？
① 太陽，月，地球　② 太陽，地球，月　③ 月，太陽，地球

09 1981年に湯川秀樹が74歳で亡くなった日。

② 湯川秀樹は、日本の敗戦から4年後の1949年に日本人初のノーベル物理学賞を受賞し、日本人に大きな力を与えたんだよ。

---

10 大正琴の日、1912年に森田吾郎氏が大正琴を初めて発売した日。

② 森田吾郎が誰でも演奏できる楽器として大正琴を発明。左手で音階ボタンを押さえ右手のピックで絃を弾いて演奏する楽器。弦の数は数種類あり決まっていないよ。

---

11 九九の日、「九（9）九（9）」から。

③ 九の段の答えは、9、18、27、36、45、54、63、72、81。どれも一の位と十の位を足すと9になるよ。

---

12 下水道の日。

③ 下水道には雨水をスムーズに流す役割もあるよ。9月10日ごろは、立春から数えて220日目で、昔から台風の多い日とされていることから下水道の日に決められたんだよ。

---

13 1977年に田中一村が69歳でなくなった日。

① 1958年50歳で奄美大島に移住した田中一村は、大島紬に色を染める仕事をしながら島の鳥や植物などをかいたんだ。絵が認められたのは亡くなってからなんだよ。

---

14 宇宙の日。

③ 1992年9月12日から20日まで、毛利衛がスペースシャトル・エンデバーに搭乗（とうじょう）科学技術者として搭乗したことから、9月12日を宇宙の日に決めたんだよ。

---

15 鳥取県が誕生した日、1881年に鳥取県が誕生した日。

② 明治9年島根県に併合された鳥取県では再置運動が広がり、視察した山県有朋が「直ちに鳥取県を再置すべき」と考えたこともあり、現在の鳥取県が誕生したんだよ。

---

16 中秋の満月のころ。

② ①は光が当たらない側しか見えないよ。月はいつも太陽より地球の近くにあるから③になることはないんだ。満月が見られるのは月が太陽と反対側にある時だよ。

17　9月14日（国語編）

Q　コスモスを漢字で書くとどれ？
　① 紫陽花　② 秋桜　③ 百合

18　9月15日（家庭編）

Q　黒っぽいこんにゃくに入っている黒いつぶつぶは何？
　① ひじきなどの海藻　② チョコレート　③ 黒ごま

19　9月16日（理科編）

Q　地球温暖化と関係があると話題になっているのは？
　① 猫のくしゃみ　② 象のあくび　③ 牛のげっぷ

20　9月17日（外国語編）

Q　モノレール（monorail）の「モノ」の意味は？
　① まっすぐな　② 高い　③ 1本の

21　9月18日（理科編）

Q　屋久島のウィルソン株は，誰の命令で切られた杉の株と言われている？
　① 西郷隆盛　② 豊臣秀吉　③ ウィルソン博士

22　9月19日（国語編）

Q　正岡子規は，俳句で有名な俳人だけど，子規はどういう意味？
　① ほととぎす　② うぐいす　③ すずめ

23　9月20日（理科編）

Q　エリマキキツネ，ブタ，シシなどが名前に付いている動物は？
　① ワニ　② リス　③ サル

24　9月21日（社会編）

Q　日本政府から国連に寄贈されたもので世界平和デーに使われるのは？
　① ピアノ　② 鐘　③ 和太鼓

9月

17 コスモスの日，3月14日のホワイトデーから半年目の日。

②　①はアジサイ③はユリと読むんだ。コスモスは秋に花が咲く植物で，桃色・赤・白などの色があってきれいだよね。英語のコスモスには，宇宙という意味があるよ。

18 ひじきの日，長寿を願って旧敬老の日の9月15日に制定。

①　こんにゃく芋から作った混じりけのない粉からこんにゃくを作ることが多いよ。黒っぽいこんにゃくはひじきなどの海藻を使って色をつけているんだよ。

19 オゾン層保護のための国際デー，国連が定める国際デーの一つ。

③　牛などはんすう動物のげっぷには温室効果ガスのひとつメタンガスが含まれているんだよ。牛のげっぷを出しにくくするえさが研究されているよ。

20 1964年に日本で初めてモノレールが開通した日。

③　モノレールは，1本のレールで走る鉄道のこと。日本初の旅客用モノレールは，東京オリンピック直前に開通した東京浜松町と羽田空港を結ぶ東京モノレールだよ。

21 1598に豊臣秀吉が61歳で亡くなった日。

②　ウィルソン博士が紹介したからウィルソン株と呼ばれる縄文杉の切り株だよ。豊臣秀吉が大坂城（京都の方広寺説もある）築城のために切らせたと言われているよ。

22 子規忌，1902年に正岡子規が亡くなった日，糸瓜忌（へちまき），獺祭忌（だっさいき）。

①　ほととぎすは，全長28cmほどの鳥で，夏に九州より北に飛んでくる渡り鳥だよ。子規の作品「柿食へば鐘がなるなり法隆寺」が5年生の教科書に載っているよ。

23 9月20日から動物愛護週間。

③　サルが名前に付く動物には，鼻の狭いアカゲザル・カニクイザル・ニホンザル，鼻の広いアカゲザル，カニクイザル，ニホンザル，コモンリスザルなどもいるよ。

24 国際平和デー，ピースデー。

②　今日は，国連が定めた国際平和デー。世界の停戦と非暴力を願う日。この日に国連事務総長が鳴らす平和の鐘は60カ国の子どもたちが集めた硬貨で作られているよ。

25 9月22日（図工編）

Q 海岸に流れ着いた物を集めることを何という？
① ビーチコーミング　② ビーチフラッグス　③ ビーチバレー

26 9月23日（体育編）

Q テニスの世界四大大会。全豪（オーストラリア），全仏（フランス），全英（イギリス）ともう一つは？
① 全独（ドイツ）　② 全日（日本）　③ 全米（アメリカ）

27 9月24日（算数編）

Q 一般的な長方形の畳で，長い辺の長さは短い辺の何倍？
① 1.8倍　② 2倍　③ 2.5倍

28 9月25日（体育編）

Q トライアスロンの最初の競技は何？
① 長距離走　② 水泳　③ 自転車ロードレース

29 9月25日（社会編）

Q ノーベル平和賞受賞者の故ワンガリ・マータイさんが広めた言葉は？
① MOTTAINAI　② TOFU　③ ARIGATO

30 9月28日（国語編）

Q コンピューターで「ん」をローマ字入力する時に打つキーは？
① U→N　② N→N　③ N

31 9月29日（理科編）

Q 静かにしている時，人の1分間の心拍数（心臓が動く回数）は？
① 約70　② 約180　③ 約300

32 9月30日（理科編）

Q 日本初のホームページが開設されたのはいつ？
① 1946年　② 1992年　③ 2000年

> 9月

25 国際ビーチクリーンアップデー。
① 海岸で，ビーチグラス　貝殻　流木　乾燥した海藻など漂着した物を集めるのがビーチコーミング。集めた物を使った工作は夏休みの宿題におすすめだよ。

26 テニスの日，誰もが楽しめる祝日であるなどを理由に秋分の日に制定。
③ 正式には全米(ぜんべい)オープンテニス。ニューヨーク郊外で開催されるよ。2014年には錦織圭(にしこりけい)選手が準優勝，2018年には大坂なおみ選手が優勝して話題になったね。

27 畳の日，冬の衣替えを前に，畳を上げて大掃除を推奨する日。
② 畳には，京間(きょうま)・団地間・中間間・江戸間などいろいろな規格があるけど，京間（191.0cm×95.5cm）のように，長い辺は短い辺の2倍になっているのが一般的だよ。

28 トライアスロンが最初に行われた日。
② トライアスロンは1974年にアメリカで生まれたんだよ。水泳　自転車ロードレース　長距離走と順番は決まっているけど各競技の距離は何種類かあるんだよ。

29 2011年ワンガリ・マータイさんが71歳で亡くなった日。
① ケニア出身の女性環境保護活動家，故ワンガリ・マータイさんは，2005年の来日でMOTTAINAI（もったいない）の言葉に感動。世界に広める活動を続けたよ。

30 パソコンの日，1979年NECがブームを起こしたPC-8001を発売した日。
② 「U→N」と入力すると「うN」となって，「N」と入力すると変換されずにNのままだよ。パソコンと違ってノートにローマ字で書く時，「ん」は「N」と書くよ。

31 世界心臓デー。
① 心拍数は運動や不安な気持ちが原因で高くなることがあるよ。運動選手が静かにしている時に心拍数が標準より低くなるスポーツ心臓という言葉もあるよ。

32 日本初のホームページが公開された日。
② 1992年9月30日に茨城県つくば市にある文部省高エネルギー加速器研究機構計算科学センターの森田洋平博士が公開したんだよ。今でも公開されているよ。

10月

01 １０月１日（理科編）

Q 日本で使われている硬貨で，ふつうの磁石にくっつくのは？
　① 500円玉と100円玉　② 50円玉　③ ない

02 １０月２日（国語編）

Q 豆腐の別名「冷や奴（ひやっこ）」の語源に関係があるとされているのは？
　① 凧揚げ　② 大名行列　③ 双六（すごろく）

03 １０月３日（道徳編）

Q 山に登る人と下る人がすれ違う時の基本ルールは？
　① 登る人優先　② 下る人優先　③ 少ない人数の方優先

04 １０月４日（理科編）

Q 今，地球の周りを飛んでいる人工衛星の数に一番近いのは？
　① 30　② 300　③ 3000

05 １０月５日（理科編）

Q 10円玉を入れておくとぴかぴかになるのは，次のどれ？
　① 塩水　② レモン汁　③ 砂糖水

06 １０月６日（社会編）

Q 開発途上国への政府開発援助の中心になっている国際協力機構の略称は？
　① JICA（ジャイカ）　② JARO（ジャロ）　③ JAF（ジャフ）

07 １０月７日（国語編）

Q ワイシャツのワイの意味は？
　① ワイフ　② ホワイト　③ ハワイ

08 １０月８日（理科編）

Q 赤ちゃんと大人の骨の数は？
　① ほとんど同じ　② 赤ちゃんの方が多い　③ 大人の方が多い

10月

01 磁石の日，プラス「十」とマイナス「一」から十月一日。

A ③ 普通の磁石だと，今日本で使われているどの硬貨もくっつかないよ。磁石にくっつくと，お金も磁石になって自動販売機でつまったりお金同士がくっついたりして困るよね。

02 豆腐の日，「とう（10）ふ（2）」から。

A ② 江戸時代，大名行列の先頭で槍や箱を担ぐのが奴。奴の着る着物に四角い紋が付いていたから，豆腐を奴，冷やしたものを冷や奴と呼ぶようになったという説が有力だよ。

03 登山の日，「と（10）ざん（3）」から。

A ① 登る人の方が大変だから下る人は登る人に道をゆずるのが基本のルールだよ。すれ違う時「こんにちは」「あと少しですよ」などと声をかけあうと気持ちいいね。

04 1957年にソ連が人類初の人工衛星の打ち上げに成功した日。

A ③ 地球の周りを回っていて，目的がはっきりしている人工天体が人工衛星。人工衛星の破片や使用済みロケットなどは宇宙ゴミ（スペースデブリ）で人工衛星には数えないよ。

05 レモンの日，高村智恵子が最後にレモンを食べて亡くなった日。

A ② 10円玉は銅からできていて，空気と結びつくと汚れた色になるんだ。レモンの汁の酸が，銅と結びついた酸素を離すから，新品のようにぴかぴかになるんだよ。

06 日本の政府開発援助が始まった日。

A ① 1954年10月6日に，日本は開発途上国への政府開発援助（ODA）を開始したんだよ。ＪＡＲＯは日本広告審査機構，ＪＡＦは日本自動車連盟だよ。

07 シャツの日，夏物と冬物の入れ替えが行われるころなどの理由から。

A ② ワイシャツはもともと白色だったからホワイト（白）シャツ。これがワイシャツになったんだよ。上のボタンをはずしたらＹに見えるからという説もあるよ。

08 骨と関節の日，ホネのホが十と八に分かれるから十月八日。

A ② 赤ちゃんの骨の数は300以上あるんだ。大人になるにつれて骨がくっついていって，平均206本に減るんだよ。

09 １０月９日（社会編）
Q 富士山頂郵便局の説明で正しいのは？
① 春から冬のみ営業　② 営業日は６時開店　③ 無人郵便局

10 １０月１０日（国語編）
Q 太公望（たいこうぼう）といえば何が好きな人のこと？
① 俳句　② 昼寝　③ 釣

11 １０月１０日（理科編）
Q 赤ちゃんが母親の体内で栄養をもらう管のことを何と言う？
① へその緒（お）　② 三半規管（さんはんきかん）　③ たいばん

12 １０月１０日（家庭編）
Q 料理をするときに使うまな板の「まな」の意味は？
① 固い　② 木　③ 魚

13 １０月１１日（国語編）
Q 「昆虫記」を書いたフランス人の生物学者は？
① シートン　② ニュートン　③ ファーブル

14 １０月１２日（家庭科編）
Q 料理に使われる湯葉（ゆば）の材料は何？
① 大豆　② 小豆　③ 小麦粉

15 １０月１３日（家庭科編）
Q 八里半とか十三里と言われたことがある野菜は？
① さといも　② じゃがいも　③ さつまいも

16 １０月１３日（理科編）
Q 枝豆は，何の豆を早めに収穫したもの？
① 小豆（あずき）　② 大豆（だいず）　③ エンドウ豆

10月

09 世界郵便の日，1874年に万国郵便連合が発足した日。

A② 富士山頂郵便局は，例年7月中旬から8月下旬まで開店し，営業時間は午前6時から午後2時まで。登山証明書などのオリジナル商品も販売しているよ。

10 釣りの日，魚の幼児語「ト(10)ト(10)」から。

A③ 中国周王朝時代の話。周の文王が渭水（いすい）で魚を釣っていた呂尚（りょしょう）に出会い，賢人であると認めて，自分の祖父（大公）が望んでいた人，太公望と呼んだことが語源とされているよ。

11 赤ちゃんの日，赤ちゃんがママのおなかにいる期間「10月10日（とつきとおか）」から。

A① 母親の体内の赤ちゃんは，栄養や酸素をたいばんからへその緒と呼ばれる管を通じて取り入れるんだよ。いらなくなったものも，へその緒を通じて母親に送るんだよ。

12 毎月10日が魚の日。魚の幼児語「魚（とと）の日」の語呂合わせから。

A③ 魚のことを昔は「真魚（まな）」と呼んでいたんだ。それで主に魚を料理する板という意味でまな板と呼ぶようになったんだよ。

13 1915年にファーブルが91歳で亡くなった日。

A③ 昆虫記は，ファーブルが昆虫の本能や習性について愛情を込めて書いた読み物だよ。ファーブルが時間をかけて観察したことや実験したことが書かれているよ。

14 豆乳の日，「とう(10)にゅう(2)」から

A① 大豆からつくった豆乳を熱すると表面にできる皮膜が湯葉で植物性タンパク質が豊富。大豆は，約1200年前に日本の僧侶が中国から持ち帰ったとされているよ。

15 サツマイモの日，さつまいもを「十三里」と呼ぶことから。

A③ 京都の焼き芋屋さんが，栗（九里）に味が似ているから八里半と呼び，江戸の焼き芋屋さんが，栗より（四里）うまいから九たす四で十三里と呼んだと言われているよ。

16 豆の日，陰暦の9月13日に『豆名月』という風習があることから。

A② まだ十分成熟していない大豆を収穫したのが枝豆だよ。枝付きのままゆでることが多かったことから，枝豆と呼ばれるようになったんだよ。

17 １０月１４日（保健編）

Q 一年に子ども100万人の命を守ることができると言われるのは？
① 正しい手洗い　② 正しい歩き方　③ 正しい声の出し方

18 １０月１５日（社会編）

Q 恐竜の化石出土数が日本一の県は？
① 長野県　② 熊本県　③ 福井県

19 １０月１６日（国語編）

Q 国語辞典で言葉（見出し語）を調べるときに関係のないものはどれ？
① つめ　② はしら　③ まど

20 １０月１７日（家庭科編）

Q そば粉が使われていないそばは？
① 信州そば　② 江戸そば　③ 沖縄そば

21 １０月１８日（社会編）

Q シーボルトが日本から持ち出そうとして見つかり罪に問われた物は？
① 日本地図　② 日本刀　③ 浮世絵

22 １０月１８日（道徳編）

Q エジソンは，私たちの最大の弱点は何だと言った？
① 夢をみること　② 諦めないこと　③ 諦めること

23 １０月１９日（国語編）

Q 三つの物語の中で主人公が日本にやってくるのはどれ？
① 宝島　② ガリヴァー旅行記　③ 十二少年漂流記

24 １０月２１日（社会編）

Q 関ケ原があるのは何県？
① 岐阜県　② 長野県　③ 静岡県

10月

17 世界手洗いの日。

① 10月15日はユニセフなどが定めた「世界手洗いの日」。せっけんを使って正しい手洗いをすることは、自分の身体を病気から守るために大切なことだよね。

---

18 化石の日、1904年に矢部長克(やべひさかつ)名誉教授が新種を紹介した論文の発行日。

③ これまでに日本で発見された恐竜の化石の約80％が福井県勝山市北谷町(きたただに)から出土しているよ。かつやま恐竜の森には日本最大級の福井県立恐竜博物館があるよ。

---

19 辞書の日、アメリカの辞書製作者ノア・ウェブスターの誕生日。

③ 国語辞典を閉じた時に、何行(なにぎょう)で始まる言葉の場所かわかるように印をつけてあるのが「つめ」。ページの最初と最後の言葉が書いてあるのが「はしら」だよ。

---

20 1978年に公式に「沖縄そば」という名称が認可された日。

③ 沖縄そばは、沖縄県で人気のある郷土食で「すば」とも言い専門店が各地にあるよ。主な原料は小麦粉で軟骨そば、豚足そばなどの種類があるよ。

---

21 1866年にシーボルトが70歳で亡くなった日。

① シーボルトが日本から帰る船が難破し、持ち出しが禁止されていた伊能忠敬の日本地図が見つかったんだ。長崎の出島で一年間拘禁され国外追放になったんだよ。

---

22 1931年にエジソンが84歳でなくなった日。

③ エジソンの言葉は「私たちの最大の弱点は諦めることにある。成功するのに最も確実な方法は、常にもう一回だけ試してみることだ。」。

---

23 1745年にジョナサン・スウィフトが77歳でなくなった日。

② アイルランドのジョナサン・スウィフトが書いたガリヴァー旅行記は、主人公ガリヴァーが架空の国々を旅する物語。実在する国では日本だけが登場するんだよ。

---

24 1600年に関ヶ原の戦いが行われた日。

① 1600年の関ヶ原の戦いで知られる関ケ原は、今の岐阜県不破郡(ふわぐん)関ケ原町にあるよ。戦いの名前では小文字の「ヶ」だけど、町名では大文字の「ケ」だよ。

25　１０月２１日（理科編）
Q 豆電球に新品のマンガン電池単一，単二，単三をそれぞれつなぐと？
① 単一が一番明るい　② 単三が一番明るい　③ 明るさは同じ

26　１０月２３日（国語編）
Q 『シートン動物記』に登場する狼王の名前は？
① ラボ　② ロボ　③ メタボ

27　１０月２４日（社会編）
Q 国際連合の本部がある都市はどこ？
① 東京　② ニューヨーク（アメリカ合衆国）　③ ジュネーブ（スイス）

28　１０月２５日（社会編）
Q 沖縄から北海道までと，北海道から沖縄まででは，予定飛行時間はどちらが短い？
① 沖縄から北海道　② 北海道から沖縄　③ 同じ

29　１０月２６日（国語編）
Q 読書週間のシンボルマークにデザインされている動物は？
① ライオン　② リス　③ フクロウ

30　１０月２８日（家庭編）
Q みそ汁や料理のダシをとるために使われるアゴは何という魚？
① トビウオ　② カツオ　③ アジ

31　１０月３０日（家庭科編）
Q 一度はしでとった食べ物を食べずに元にもどすことを何という？
① よせばし　② さしばし　③ そらばし

32　１０月３１日（社会編）
Q 茶室の入り口「にじり口」がせまい理由として当てはまるのはどれ？
① 刀を持ち込ませない　② 室温を一定にする　③ 音を響かせる

10月

25 あかりの日。1879年にエジソンが白熱電球を完成させた日。

A③ 電池一個を電球につないだ時の明るさは電圧の大きさで決まるよ。大きい単一から小さい単五まで全部1.5ボルトで明るさは同じだよ。

26 1946年にシートンが86歳でなくなった日。

A② 『狼王ロボ』は，アメリカの動物学者シートンが書いた『シートン動物記』のなかの物語だよ。野生の狼ロボが主人公の感動的な物語だよ。

27 1945年に国際連合が設立された日。

A② 第二次世界大戦が終わった1945年に，世界の平和を守り国々が協力しあうために設立されたのが国際連合なんだ。日本も1956年に加盟が認められたんだよ。

28 民間航空記念日，1951年に日本航空が運航を開始した日。

A① 日本の上空では，偏西風と呼ばれる強い風が西から東へ吹いているから，沖縄から北海道に向かう飛行機には追い風となって，向かい風になる逆より早く着くんだよ。

29 10月27日から11月9日が読書週間。

A③ 読書推進運動協議会が使用している読書週間のシンボルマークには，森の奥ふかくで静かに瞑想にふけるイメージのあるふくろうが知恵の象徴として使われているよ。

30 おだしの日，1707年に鰹節新製法を考えた角屋甚太郎氏が亡くなった日。

A① トビウオは，水上を飛ぶ姿からつけられた名前で飛魚と書くんだ。トビウオは九州などでアゴと呼ばれているんだよ。トビウオを煮て干した煮干しがアゴだしだよ。

31 マナーの日，日本サービスマナー協会が制定。

A③ はしの使い方でマナー違反とされているのが嫌いばし。よせばしは，器をもたずに，はしで器を引きよせること。さしばしは，はしでつきさして料理をとることだよ。

32 日本茶の日＊，1191年に栄西が宋から日本茶の種と淹れ方を持ち帰った日。

A① 刀を持ち込ませず，みんなが狭い入り口から頭を下げて入ることで平等にお茶を楽しむことができると考えたんだよ。茶室を広く見せる効果もあると言われているよ。

＊10月1日も日本茶の日

11月

01 11月1日（体育編）
Q みんなで集まってラジオ体操をすることを最初に始めた人の職業は？
① 警察官　② 牛乳配達員　③ 野菜市場の従業員

02 11月1日（社会編）
Q 点字を最初に発明したのはどこの国の人？
① 日本　② フランス　③ スイス

03 11月2日（社会編）
Q 日本書道史上で三筆と呼ばれるのは嵯峨天皇，橘逸勢とだれ？
① 空海　② 一休　③ 道元

04 11月3日（家庭編）
Q 料理で使う五つの調味料サシスセソの「セ」は何？
① セロリ　② しょうゆ　③ 赤トウガラシ

05 11月3日（算数編）
Q ハンカチの形についての説明で正しいのはどれ？
① いろいろな形　② 正方形がほとんど　③ 長方形がほとんど

06 11月4日（社会編）
Q 明治時代，富岡に製糸工場が建設された理由として正しいのは？
① 海が近かった　② 養蚕が盛んだった　③ 油田が近かった

07 11月5日（家庭科編）
Q ウィリアム・テル，ニュートン，マッキントッシュといえば何のくだもの？
① スイカ　② ブドウ　③ リンゴ

08 11月6日（音楽編）
Q 「くるみ割り人形」「白鳥の湖」「眠れる森の美女」の作曲家は？
① チャイコフスキー　② ベートーベン　③ モーツァルト

11月

01 ラジオ体操の日，1928年にラジオ体操第一が始まった日。

① ラジオ体操会は，東京神田の万世橋署に勤務していた面高巡査が始めたんだよ。ラジオ体操は，夏休み中だけではなくて，一年中放送されているって知っていた？

02 点字の日，1890年に点字選考委員会で日本点字が決定した日。

② 12この点を使う点字を発明したのはフランス人のシャルル・バルビエ。これを改善して6この点を使う点字を発明したのも同じフランス人のルイ・ブライユだよ。

03 書道の日，「いい（11）もじ（2）」から。

① 三筆は書道の達人として知られているよ。その道のベテランでも時には失敗するという意味の「弘法（空海）も筆の誤り」ということわざもあるよ。

04 調味料の日，「いい（11）味（3）」の語呂合わせと文化の日と重ねて。

② セはしょうゆ。昔はせうゆと書いていたからセなんだよ。サは砂糖，シは塩，スは酢，ソはソースではなくてみそだよ。料理に使う調味料の味つけの順番なんだよ。

05 ハンカチーフの日，マリー・アントワネットの誕生日に近い祝日。

② 卵形，三角形などいろいろな形をしていたハンカチを，フランスのルイ16世の王妃マリー・アントワネットが正方形に統一するよう命令したと言われているよ。

06 1872年に富岡製糸工場が開設した日。

② 養蚕が盛んだった以外に，広い土地があったから。燃料の石炭が近くで採れた，必要な水が確保できた，地元の同意が得られたなどの条件が揃っていたんだよ。

07 いいりんごの日，「いい（11）りんご（5）」から。

③ 植物繊維やビタミンCなどが豊富で栄養価の高いくだもの。選択肢の二人はリンゴに関わる伝説を持つ人。マッキントッシュはアップル（リンゴ）社のパソコンだよ。

08 1893年にチャイコフスキーが53歳で亡くなった日。

① チャイコフスキーはロシア生まれの作曲家。交響曲・協奏曲などが知られているけれど，バレエ音楽が特に有名で，チャイコフスキー三大バレエと呼ばれているよ。

09　１１月８日（保健編）

Q よくかんで食べると虫歯になりにくいと言われる一番の理由は？
① 歯につまりにくい　② たくさん唾液が出る　③ 食べる量が減る

10　１１月９日（理科編）

Q 空気中に一番多い気体は？
① 酸素　② 窒素(ちっそ)　③ 二酸化炭素

11　１１月１０日（理科編）

Q 人が乗るエレベーターの定員は，一人何kgを目安に計算されている？
① **55kg**　② **65kg**　③ **75kg**

12　１１月１１日（理科編）

Q コンセントの左右の穴を比べた時に正しいのは？
① 左が少し長い　② 左が少し太い　③ 違いはない

13　１１月１１日（外国語編）

Q サッカーチームの名前によく使われるＦＣは何の略語？
① フットボールクラブ　② フェイマスクラブ　③ フットサークル

14　１１月１１日（国語編）

Q 日本で出版された本にＩＳＢＮに続いて書いてある数字の最初の四桁は？
① **9124**　② **9923**　③ **9784**

15　１１月１１日（家庭科編）

Q チーズの主な原料は何？
① 動物の乳(ちち)　② 卵　③ 小麦粉

16　１１月１２日（国語編）

Q 福島県いわき市出身の詩人草野心平は，何の詩人と呼ばれている？
① ねこの詩人　② あひるの詩人　③ かえるの詩人

11 月

09 いい歯の日，「いい（11）歯（8）」から。

② 主にカルシウムでできている歯が，歯の表面の細菌が作る酸に溶かされると虫歯になるんだ。よくかむと，だ液がたくさん出て，この酸の力を弱くしてくれるんだよ。

10 換気の日，「いい（11）く（9）うき」から。

② 空気中には，窒素が78％，酸素が20％，アルゴンが1％，そして二酸化炭素がほんの少しふくまれているんだよ。

11 エレベーターの日　1890年日本初の電動式エレベーターが設置された日。

② エレベーターの積載量は，エレベーターの種類と床面積から法律で決められているよ。乗ることのできる定員は，1人65kgを目安に計算されているよ。

12 配線器具の日，コンセントの日，コンセントの穴の形から。

① 100ボルトのコンセントは左が9ミリ，右が7ミリで左が少し長いよ。右は電気が通ってくる穴で左は高圧の電流が流れた時，地面に電気を流すためのアースだよ。

13 サッカーの日，11人対11人で行われる競技であることから。

① ＦＣはFootball Club（フットボールクラブ）の略語。フットボールは，サッカーのように道具を使わずボールをゴールに入れる競技を指す言葉だよ。

14 本の日，11と1が本棚に本が並ぶ姿に見えることなどから。

③ ISBNは国際標準の図書番号で現在は13桁の数字が使われているよ。978が図書・書籍の意味で，次の4が日本を表しているよ。書店や図書室で調べてみてね。

15 チーズの日，日本初のチーズづくりが700年11月（旧暦10月）に行われたなどから。

① チーズは，牛・水牛・羊・山羊など動物の乳を加工して作る食品。ヨーグルト・バター・アイスクリームも動物の乳が主な原料で，共に乳製品と呼ばれているよ。

16 1988年に草野心平が85歳でなくなった日。

③ 「けるるん　くっく」で思い出すかな。草野心平の詩「春のうた」は教科書にのっていることもあって有名だね。かえるの詩をたくさん書いている詩人なんだよ。

17 １１月１３日（外国語編）

Q Japan は日本。では，最初のJを小文字にした japan は何のこと？
　① 歌舞伎　② 漆器（しっき）　③ 和服

18 １１月１４日（理科編）

Q 土地の学習に砂や泥と登場する「礫（れき）」はどのような大きさの岩石の粒？
　① 2mm 以上　② 1/16mm 以上 2mm 未満　③ 1/16mm 以下

19 １１月１５日（家庭科編）

Q かまぼこについている板が調整するもので間違っているのは？
　① 水分　② 熱　③ 塩分

20 １１月１７日（理科編）

Q レンコンの穴は何の通り道？
　① 空気の通り道　② 水の通り道　③ 栄養分の通り道

21 １１月１８日（国語編）

Q 「新しい家がたつ」の「たつ」を漢字で書くと？
　① 立つ　② 建つ　③ 発つ

22 １１月１９日（保健編）

Q トイレのない生活をしているのは，世界人口のなかでどのぐらい？
　① 三分の一　② 七分の一　③ 十分の一

23 １１月２０日（家庭科編）

Q 天璋院（てんしょういん）（篤姫（あつひめ））が初めて使ったと言われている道具は？
　① ミシン　② アイロン　③ ピーラー

24 １１月２２日（社会編）

Q １１月２２日が「大工さんの日」に制定されたことと関係がある人は？
　① 伊藤博文　② 聖徳太子　③ 徳川家康

11月

17 漆の日，惟喬親王が嵐山の法輪寺で漆の製法を菩薩から伝授された日。

A② 漆器は，木や紙などに漆を何度も塗って作る工芸品だよ。japanには漆の意味もあるよ。中国の英語名Chinaの最初のCを小文字にしたchinaには陶磁器の意味があるよ。

---

18 いい石の日，「いい（11）いし（14）」から。

A① 1/16mm未満の岩石の粒は泥，1/16mmから2mmの岩石の粒は砂と呼ぶよ。「礫」は，音読みだと「レキ」訓読みだと「こいし・つぶて」と読むよ。

---

19 かまぼこの日。1115年の文書にかまぼこが登場することから。

A③ 蒲鉾の板は熱を通すからかまぼこが均一に加熱されるだけでなく，水分を吸うから蒲鉾から出入りする水分の調整ができるんだよ。

---

20 レンコンの日，1994年に茨城県土浦市で「蓮根サミット」を開いた日。

A① レンコンの穴は，レンコンが呼吸をするための通気口。レンコンが育つ泥の中には酸素が少ないから，レンコンの穴を通じて水上の空気が茎や根に送られるんだよ。

---

21 いい家の日，「いい（11）いえ（18）」から。

A② 建物がつくられる意味の「たつ」は「建つ」と書くんだよ。木や電柱は「立つ」と書くよ。出発する時に使うのが「発つ」だよ。

---

22 世界トイレの日，世界トイレ機関WTOの設立された日。

A① 約25億人がトイレを使えない不衛生な生活を送っていることから，トイレの普及などを目指して，国連が11月19日を「世界トイレの日」と定めているよ。

---

23 1883年に天璋院篤姫が47歳でなくなった日。

A① 安政元（1854）年3月，来日したペリー艦隊が香水などと一緒に篤姫への贈り物として持ってきたなかに「鏡台之類」と書かれたミシンがあったんだよ。

---

24 大工さんの日。

A② 職業能力開発促進月間が11月で，曲尺を発明したことで大工の祖とされる聖徳太子の命日が22日であるなどの理由から，11月22日になったんだよ。

25　１１月２２日（体育編）

Q 日本で初めて野球の始球式を行ったことで知られる政治家は？
① 伊藤博文　② 大隈重信（おおくましげのぶ）　③ 黒田清隆（くろだきよたか）

26　１１月２２日（社会編）

Q 福岡県の北九州市が目指しているのは？
① 世界の環境首都　② 世界の工業首都　③ 世界の音楽首都

27　１１月２３日（家庭科編）

Q カキ（牡蠣）を主な原料に作られるソースは？
① オイスターソース　② タルタルソース　③ チリソース

28　１１月２４日（理科編）

Q 自分から光を出している星の中で太陽の次に明るく見えるのは？
① シリウス　② カノープス　③ リゲル

29　１１月２４日（音楽編）

Q オペラで，主役を演じる女性歌手を何と呼ぶ？
① プリマドンナ　② プリマバレリーナ　③ カウンターテナー

30　１１月２７日（社会編）

Q ノーベル賞のノーベルは人の名前だけど，何で知られている人？
① ダイナマイトを発明　② 電話を発明　③ 小説家

31　１１月２８日（社会編）

Q 太平洋の表面積は，地球の表面の何分の1？
① 5分の1　② 4分の1　③ 3分の1

32　１１月３０日（社会編）

Q 前野良沢（まえのりょうたく）が中心になって出版した医学書は？
① 解体新書（かいたいしんしょ）　② 学問のすゝめ　③ 東海道中膝栗毛（とうかいどうちゅうひざくりげ）

11月

25 大隈重信が1908年に初めて始球式をした日。

Ⓐ② 米国のチームと早稲田大学の試合で，内閣総理大臣経験者だった大隈重信総長が投げた1球が，始球式の始まりと言われているよ。

26 2017年に北九州市環境基本計画が改定された日。

Ⓐ① 北九州市は福岡県にある百万都市。「市民の力で，楽しみながらまちの環境力を高めます」などの環境行動10原則を決めて世界の環境首都を目指しているんだよ。

27 牡蠣の日，勤労感謝の日に栄養豊富な牡蠣を食べてほしい等の理由から。

Ⓐ① オイスター（oyster）は英語で牡蠣のこと。牡蠣のゆで汁を濃縮して作る調味料がオイスターソース。中国料理でよく使われるよ。

28 天文台設置記念日，1921年に東京に天文台が生まれた日。

Ⓐ① シリウスは，おおいぬ座の星で，太陽の次に明るく見える恒星（自分から光を出している星）だよ。オリオン座の南に白く輝いているよ。

29 オペラの日，1894年に日本で初めてオペラが上演された日。

Ⓐ① ソプラノ歌手がプリマドンナをすることが多いよ。バレエで主役を演じる女性がプリマバレリーナだよ。カウンターテナーは男性のアルト歌手のことだよ。

30 ノーベル賞制定記念日，1901年にノーベル賞第一回授賞式が行われた日。

Ⓐ① アルフレッド・ノーベルはスウェーデン生まれで，ダイナマイトを発明した人だよ。日本人受賞者は米国籍取得者を含め26名（2019年5月）だよ。

31 太平洋記念日，1520年にポルトガルのマゼランが太平洋に出た日。

Ⓐ③ 太平洋は，大西洋，インド洋とともに三大洋の一つ。太平洋はとても広くて日本の500倍近い面積があるんだよ。地球の陸地の総面積より広いんだよ。

32 1803年に前野良沢が81歳で亡くなった日。

Ⓐ① 江戸時代の医者前野良沢は，杉田玄白らとオランダ語の医学書を翻訳して『解体新書』を完成させたよ。中心になって翻訳したのに本に名前を載せていないんだよ。

12月

01 12月1日（保健編）
Q エイズについて偏見を持たない差別をしない気持ちを表すシンボルは？
① ピンクリボン　② レッドリボン　③ オレンジリボン

02 12月1日（理科編）
Q 鉄道の線路のつなぎ目のすき間が，一番小さくなる季節は？
① 春　② 夏　③ 冬

03 12月3日（理科編）
Q 門松など正月飾りによく使われるミカンは？
① ダイダイ　② キミドリ　③ アカ

04 12月3日（社会編）
Q 12月3日がカレンダーの日になったことと関係があるのは？
① 発明した人　② 太陽暦を使い始めた日　③ 昔はこの日まで販売できなかった

05 12月5日（図工編）
Q 画家のモネが好んで描いた植物は？
① スイレン　② ヒマワリ　③ タンポポ

06 12月6日（理科編）
Q 音は，空気の中と水の中ではどちらが早く伝わる？
① 空気の中　② 水の中　③ 同じ

07 12月7日（社会編）
Q 12月7日をクリスマスツリーの日に決めたことと関係がある港は？
① 函館　② 横浜　③ 長崎

08 12月8日（社会編）
Q 鹿児島湾（錦江湾）に似ていると言われるのはどこ？
① 真珠湾（アメリカ）　② メキシコ湾（メキシコ）　③ 東京湾

12月

01 世界エイズデー，WHO（世界保健機関）が1988年に制定。

② ピンクリボンは乳ガンへの理解と支援のシンボルで，オレンジリボンは児童ぎゃくたい防止のシンボルだよ。

---

02 鉄の日，1857年に岩手県釜石市の日本初洋式高炉に初めて火が入った日。

② 線路は鉄だから，夏に気温が高くなり温められると，体積が増えて少し長くなるよ。その時にぶつかり合って線路が曲がると危険だから少し離してあるんだよ。

---

03 ミカンの日，「みっか（3日）ん」から。

① ダイダイは，実が木から長い間落ちずに大きく育つことから，「代々大きくなって落ちない」という縁起のいい物として正月飾りに使われているよ。＊11月3日もミカンの日。

---

04 カレンダーの日，旧暦1872年に12月3日を新暦1873年の1月1日にした。

② 当時の政府が「来る12月3日を新暦（太陽暦）の明治6年1月1日とする」と発表したんだよ。発表から暦が変わるまで23日しかなかったんだよ。

---

05 1926年にクロード・モネが86歳で亡くなった日。

① モネはフランスの画家。「光の画家」とよばれたモネは，いろいろな時間のいろいろな光があたっているスイレンの絵を200点以上描いたんだよ。

---

06 音の日 1877年にエジソンが蓄音機を発明し録音と再生に成功した日。

② 一秒間に，空気の中では約340m，水の中では約1500m進むよ。また，水の中では，音が弱まりにくいので，空気中よりも遠くまで聞こえるんだよ。

---

07 クリスマスツリーの日。

② 明治時代の1886年12月7日に神奈川県横浜港で，外国船の船乗りのためにクリスマスツリーが飾られた日を記念して決めたのがクリスマスツリーの日だよ。

---

08 1941年に日本軍が米海軍のハワイ真珠湾基地を奇襲した日。

① 1941年，日本海軍航空隊や連合艦隊は，12月8日の真珠湾攻撃を前に，真珠湾と形が似ている鹿児島湾を中心に県内10ヵ所以上で秘密の演習をしたんだよ。

09　12月9日（国語編）

Q 夏目漱石の『ぼっちゃん』に登場する昆虫で漢字で「螽」と書くのは？
　① かえる　② かまきり　③ いなご

10　12月10日（社会編）

Q ノーベル賞の分野にないのは？
　① 平和賞　② 音楽賞　③ 文学賞

11　12月10日（社会編）

Q 人権週間の最終日12月10日は何と関係がある日？
　① 世界エイズデー　② 世界人権宣言　③ 手話記念日

12　12月11日（算数編）

Q 10円玉を別の10円玉の周りを転がし一周させると何回転する？
　① 1回転　② 2回転　③ 4回転

13　12月12日（国語編）

Q 小学校で習う漢字のうち「働」「畑」「栃」が特別な理由は？
　① 日本で作られた漢字　② 一番新しい漢字　③ 部首がない漢字

14　12月13日（外国語編）

Q 生物の生存・生育に必要なビタミンのビタはもともと何の意味？
　① 健康　② 太陽　③ 生命

15　12月14日（保健編）

Q 風邪をひくことがほとんどないと言われている場所は？
　① ハワイ群島　② 南極　③ 大きな湖の湖畔

16　12月16日（社会編）

Q 国際連合に加盟している国の中で，国旗が四角形ではない国はどこ？
　① トルコ共和国　② ネパール連邦民主共和国　③ スイス連邦

12月

09 1916年に夏目漱石が49歳で亡くなった日。

A③ バッタの仲間で，イネの葉などを食べる害虫。タンパク源として食べることもあるよ。佃煮(つくだに)が有名だよ。『坊っちゃん』ではいたずらの道具として登場するよ。

10 ノーベル賞授与式，1896年にノーベルが63歳で亡くなった日。

A② ノーベル賞には，物理学，化学，生理学・医学，文学，平和，経済学の6部門があるよ。音楽賞，演劇賞，建築賞などはないよ。

11 世界人権デー，1948年に世界人権宣言が採択されたことを記念して制定。

A② 1948年12月10日，第3回国連総会で採択されたのが人権および自由を尊重し確保するための世界人権宣言。12月10日は人権デーで，関連行事が世界各地で行われるよ。

12 百円玉記念日，1957年に初めて百円硬貨が発行された日。

A② 滑らないように上手に一周させてね。一回転しかしないと思った人もいると思うけど，実際にやってみると二回転するんだよ。

13 漢字の日，「いい字一字，いい（1）じ（2）いち（1）じ（2）」から。

A① ほとんどの漢字は中国から伝わってきたけど，国字という日本で作られた漢字もあるよ。小学校で習う漢字のなかでは，「働」「畑」「栃（2020年より）」だけが日本で作られたんだ。

14 ビタミンの日，1910年に鈴木梅太郎博士がビタミンと同じ物を発表した日。

A③ ラテン語で生命を意味するVitaと，最初に発見されたのがアミンの一種だったことから，ビタミンと呼ぶようになったんだよ。

15 南極の日，1911年にアムンゼンたちが人類で初めて南極点に到達した日。

A② 南極は気温が低くウィルスが活動できないので，一般的に風邪と呼ばれているウィルス性の風邪に感染することはほとんどないよ。低体温症など他の病気にはなるよ。

16 1962年にネパールの国旗が制定された日。

A② 国際連合加盟193ヵ国中，四角形でないのはネパール連邦民主共和国だけ。三角形の旗を二つ組み合わせた形。スイス連邦の正方形の国旗も，加盟国中一ヵ国だけなんだよ。

17 １２月１６日（社会編）
Q 富士山が最後に爆発したのは何年前？
① 約130年前　② 約300年前　③ 約3000年前

18 １２月１７日（理科編）
Q 飛行機雲の説明で正しいのは？
① 飛行機の形に似た雲　② 飛行機の排出ガスの煙　③ 飛行機の後にできる雲

19 １２月１８日（社会編）
Q 西郷隆盛の妻糸は，完成した上野の銅像を見てどんなことを言った？
① そっくりだ　② こんな人ではなかった　③ 若いときそっくり

20 １２月２１日（体育編）
Q バスケットボールのゴールは，最初のころ何が使われていた？
① 桃を入れるかご　② 昆虫採集用のあみ　③ 魚釣り用のあみ

21 １２月２２日（国語編）
Q 「冬来りなば春遠からじ」は，どんな時に使うといい言葉？
① 励ます時　② 責める時　③ 再会を喜ぶ時

22 １２月２２日（社会編）
Q 史上最年少で日本の内閣総理大臣に就任したのは？
① 鈴木貫太郎　② 伊藤博文　③ 板垣退助

23 １２月２４日（理科編）
Q モミの木などクリスマスに飾られる木に共通するのは？
① 赤い実がなる　② 常緑樹　③ 広葉樹

24 １２月２４日（道徳編）
Q 感動的なプレゼントの物語として知られるオー・ヘンリーの短編小説は？
① バーバパパのプレゼント　② 賢者の贈り物　③ ハリー・ポッターと賢者の石

12月

17 1707年に富士山が最後に大爆発をした日。

A② 記録に残る最後の噴火が宝永大噴火。江戸時代中頃の1707年12月16日，将軍徳川綱吉(つなよし)の時代に起きた大爆発だよ。富士山は活火山で噴火の可能性がある山だよ。

18 飛行機の日。1903年にライト兄弟が世界で初めて飛行機をとばした日。

A③ 地面から約6000m以上の場所で，飛行機のエンジンから出る水蒸気が冷えてできた氷のつぶや，飛行機の後ろにできる小さいうずまきからできる雲が飛行機雲だよ。

19 1898年に上野の西郷隆盛像の除幕式が行われた日。

A② 高村光雲制作の西郷隆盛像の除幕式で，西郷糸が「宿んしはこげんなお人じゃなかったこてぇ」とつぶやいたので，弟の西郷従道(つぐみち)に注意されたと伝えられているよ。

20 バスケットボールの日。

A① 1891年12月21日，カナダ人ジェームズ・ネイスミスが考えたバスケットボールのゲームが初めて行われたよ。たまたま近くに桃を入れるかごがあったんだよ。

21 このころが冬至(とうじ)，北半球で一年のうちで最も昼の時間が短い日。

A① 厳しい冬がきたら，春はもうすぐ。今はつらいけれど，そのつらさはいつまでも続くわけではなく，希望に満ちた未来が待っているよという意味だよ。

22 1885年に伊藤博文が初代内閣総理大臣に就任した日。

A② 1885年，44歳で日本初の内閣総理大臣に就任し大日本帝国憲法の制定では中心となって活躍したよ。昭和59年まで発行されていた千円札に肖像画が使われていたよ。

23 クリスマスイブ。

A② クリスマスに飾られる木はマツ，ヒイラギ，ヤドリギなどの常緑樹。年間を通じて葉がついているから，強い生命力を表していると考えられているんだよ。

24 クリスマスイブ。

A② プレゼントを買うお金がない夫婦のクリスマスのお話。短いお話だけど，読んだら忘れられなくなるかも。同じ作者の書いた『最後の一葉』もおすすめだよ。

25 １２月２４日（社会編）
Q オーストラリアのサンタクロースは何に乗って来ると言われている？
① サーフィンボード　② カンガルー　③ イルカ

26 １２月２４日（外国語編）
Q 祭日の前の夜を意味する英語は？
① tree（ツリー）　② last（ラスト）　③ eve（イブ）

27 １２月２５日（国語編）
Q サンタクロースが初めて日本の絵本に登場した時の名前は？
① 雪太郎　② 白髭仙人　③ 三太九郎

28 １２月２５日（道徳編）
Q 戦後，アメリカ領土にされた奄美群島の日本復帰運動の特長は？
① 少人数で運動した　② 暴力がなかった　③ 一ヵ月で成功した

29 １２月２８日（国語編）
Q 昔話「かさじぞう」で，おじいさんが笠を売って買おうとした物は？
① 新年用のもち　② 年越しのそば　③ お米

30 １２月２９日（音楽編）
Q 童謡「赤とんぼ」で，赤とんぼがとまっているのはどこ？
① ぼうし　② さお　③ つえ

31 １２月３１日（社会編）
Q １２月３１日に年越しそばを食べるのは，どんな願いから？
① 細く長く元気に暮らす　② す（そ）ばらしい人になる　③ 家族のそばにいる

32 １２月３１日（国語編）
Q 大晦日の晦日は，もともとどういう意味の言葉？
① お味噌　② 三十日　③ お寺の鐘

12月

25 クリスマスイブ。
A① オーストラリアは日本と季節が逆でクリスマスのある12月は真夏。オーストラリアのサンタクロースはアロハシャツを着てサーフィンでプレゼントを運ぶと言われているよ。

26 クリスマスイブ。
A③ クリスマス・イヴ（Christmas Eve）は，クリスマスの前の夜のことで12月24日の夜。大晦日（おおみそか）は新年の前の日だからニューイヤーズ・イヴ（New Year's Eve）とも言うよ。

27 クリスマス。
A③ 明治時代に教文館から発行された絵本「さんたくろう」に，ロバを連れた白髭の老人三太九郎が登場するよ。笠地蔵に似たお話なんだよ。

28 奄美群島日本復帰記念日，1953年に奄美群島が日本に復帰した日。
A② 泉芳朗（いずみほうろう）が復帰を願う奄美の人々の中心になり，断食・集会・署名運動など暴力のない運動を続けたんだよ。奄美群島は1953年12月25日，日本に復帰したよ。

29 年末。
A① おじいさんは，新年用のもちを買うために，手作りの笠を売りに行くけれど売れなかった。帰りに，地蔵様に笠をあげると……。昔話もわくわくするね。

30 1964年に三木露風（みきろふう）が75歳で亡くなった日。
A② 赤とんぼは，三木露風作詞の童謡だよ。4番の歌詞は，「夕焼小焼の，赤とんぼ　とまっているよ　竿（さお）の先」だよ。

31 年末。
A① 一年の苦労を切り捨てるために，切れやすいそばを食べるという説や，そばがじょうぶで育てやすいから，えんぎをかついで食べるという説もあるよ。

32 大晦日。
A② 昔は，三十日を「みそか」と読んでいたんだ。それが変化して月の最後の日を晦日，一年の最後の日を大晦日と言うようになったんだよ。

1月

01 1月1日（理科編）

Q 次のうち一番早く日の出が見られる場所は？
① 納沙布岬　② 犬吠埼　③ 富士山山頂

02 1月1日（算数編）

Q 1月1日が土曜日だったら，同じ年の12月31日は何曜日？
① 木曜日　② 金曜日　③ 土曜日

03 1月2日（体育編）

Q 箱根駅伝は正月2日と3日の恒例行事。駅伝はどこの国で始まった？
① ギリシャ　② イタリア　③ 日本

04 1月5日（国語編）

Q 「一目置く」は，自分より相手がどういう時に使う言葉？
① 優れている時　② 弱い時　③ 若い時

05 1月6日（図工編）

Q 歌舞伎で使われる定式幕は黒・柿色・萌葱の三色。萌葱色とは？
① 緑色　② 白色　③ 茶色

06 1月6日（図工編）

Q 面積の違う正方形に同じ色を同じこさでぬると色の見え方はどうなる？
① 広い方がうすく見える　② 狭い方がうすく見える　③ 変わらない

07 1月7日（道徳編）

Q 芸術家岡本太郎の言葉，「壁は（　）だ」。（　）に入る言葉は？
① 爆発　② 見えない扉　③ 自分自身

08 1月7日（理科編）

Q 春の七草の一つ，スズシロの別名は？
① セリ　② カブ　③ ダイコン

1月

01 初日の出。

③ 国内で一番早いのは最東端の南鳥島。関東平野最東端の犬吠埼は離島を除く平地で一番早いよ。選択肢の3ヵ所の中では北海道の納沙布岬が一番遅いよ。

---

02 新年。

③ 365÷7＝52 あまり1。土曜から始まるから52週目の最後の日は金曜，次の12月31日は土曜。うるう年でない年は，元日と大晦日の曜日は同じなんだよ。

---

03 箱根駅伝初日。

③ スポーツとしての駅伝は，1917年に行われた東海道五十三次駅伝競走が最初なんだ。国際陸連の国際ルールでは，42.195kmを6区間で走るんだよ。

---

04 囲碁の日，「い（1）ご（5）」から。

① 囲碁で，弱い方が先に一つ碁石を置いて試合を始めることから，自分より相手が優れていることを認めて敬意を表すという意味だよ。

---

05 色の日，「い（1）ろ（6）」から。

① 萌えは芽が出るという意味。萌葱色は萌え出る葱の芽のような緑色。鮮やかな緑みの青を浅葱色と表現するように，色を葱の色で表現した言葉がいくつかあるよ。

---

06 色の日，「い（1）ろ（6）」から。

① 本当は色のこさは同じなんだけど，人の目には広い面積にぬられた方が薄く感じられるんだよ。実験してみてね。

---

07 1996年に岡本太郎が84歳でなくなった日。

③ 岡本太郎は斬新な絵画や立体作品で知られる芸術家。「芸術は爆発だ」という言葉も有名。人が壁を越える方法は，一人一人違うのかもしれないね。

---

08 春の七草，七草粥を食べると邪気を払い万病を除くと伝承された風習。

③ 春の七草は，セリ　ナズナ　ゴギョウ　ハコベラ　ホトケノザ　スズナ　スズシロ。1月7日の朝，健康でいられるように願って七草がゆを食べることがあるよ。

09　1月8日（理科編）

Q 月の表面に見られる円形にくぼんだ地形を何と言う？
① クルーザー　② スクーター　③ クレーター

10　1月10日（家庭編）

Q 巻き寿司や煮物などに使われるかんぴょうの原料は何？
① アサガオの茎　② ヒルガオの根　③ ユウガオの実

11　1月10日（国語編）

Q めんたいこの数え方で正しいのは？
① 一丁（いっちょう）　② 一腹（ひとはら）　③ 一本

12　1月11日（家庭科編）

Q 正月に供えてあったもちを食べやすい大きさにすることを何と言う？
① 切る　② 割る　③ 開く

13　1月11日（家庭科編）

Q マカロニとスパゲッティ，太いのはどちら？
① マカロニ　② スパゲッティ　③ 同じ

14　1月12日ごろ（体育編）

Q 大相撲の本場所についての説明で正しいのは？
① 本場所は奇数月開催　② 本場所は年間5回開催　③ 7月場所は北海道開催

15　1月13日（社会編）

Q 1860年にアメリカに向けて出航した軍艦「咸臨丸（かんりんまる）」の艦長は？
① 福沢諭吉　② 勝海舟　③ ジョン万次郎

16　1月14日（社会編）

Q 最初のタイムカプセルは，何年後に開ける予定で作られた？
① 8年後　② 100年後　③ 5000年後

1月

09 1642年にガリレオが77歳で亡くなった日。

A③ クレーターは，ガリレオ・ガリレイが命名したんだよ。ガリレオは1609年に望遠鏡で月を見て，月が完全な球形ではなくでこぼこがあることを見つけたんだよ。

---

10 かんぴょうの日，干瓢の「干」が「一」と「十」の組み合わせだから。

A③ ユウガオは夕方に花が咲く植物。枕草子や源氏物語にも登場するよ。ユウガオの実を細長くむいて加工したものがかんぴょうで，巻き寿司や汁物などに使われるよ。

---

11 明太子の日，株式会社ふくやがめんたいこの製造・販売を開始した日。

A② めんたいこは2本つながった状態で一腹と数えるんだ。すけとうだらのお腹にこの状態で入っているからだよ。めんたいこ三腹といえば6本のことだよ。

---

12 鏡開き，神や仏に供えた鏡もちをおろし，雑煮や汁粉に入れて食べること。

A③ 1月11日は鏡開きの日。「切る」「割る」を使うと縁起が悪いと考えて「開く」と表現するんだよ。汁粉や雑煮にすることが多いよ。

---

13 マカロニサラダの日，形が1に似ていてサ（3）ラダなので三つ並べた1月11日。

A① 日本農林規格（JAS法）で，「マカロニ」は2.5mm以上の太さの管状，「スパゲッティ」は1.2mm以上2.5mm未満の太さの棒状，または管状と決まっているんだよ。

---

14 大相撲の開催日。

A① 本場所は，1月，3月，5月，7月，9月，11月の年6回開催。東京国技館以外では，3月が大阪，7月が愛知，11月が福岡開催だよ。

---

15 咸臨丸出航記念日。

A② 日米修好通商条約批准書交換のため派遣された幕府使節団の護衛艦として品川を出航した日。福沢諭吉やジョン万次郎も船員として乗っていたよ。

---

16 成人の日，元服の儀を新年最初の満月に行う風習があったことから。

A③ 1939年のニューヨーク博覧会で6939年に開けるタイムカプセルを埋めたんだよ。一般的には小学6年のタイムカプセルを成人式の日に開けるところが多いね。

17　1月14日（社会編）
Q 1959年1月14日に，犬のタロとジロが発見された場所はどこ？
　① 鳥取砂丘　② 南極大陸　③ サハラ砂漠

18　1月15日（社会編）
Q 東京都の警察本部のことを何と言う？
　① 検察本部　② 警視庁　③ 首都警察庁

19　1月17日（社会編）
Q 室町幕府第6代将軍は，どんな方法で足利義教（あしかがよしのり）に決まった？
　① くじびき　② ジャンケン　③ かけっこ

20　1月18日（社会編）
Q 緊急電話の110番は警察，119番は消防署，それでは118番は？
　① 山岳救助隊　② 近くにある総合病院　③ 海上保安庁

21　1月21日（国語編）
Q 文法的に正しいのはどれ？
　① 味わわせる　② 味あわせる　③ 味わあせる

22　1月21日（音楽編）
Q ドイツ民謡「山の音楽家」で，上手にバイオリンをひくのは？
　① 山のたぬき　② 山のこりす　③ 山のことり

23　1月22日（音楽編）
Q アメリカのニューオーリンズで生まれた即興演奏で知られる音楽は？
　① クラシック　② ブルース　③ ジャズ

24　1月22日（社会編）
Q 毎月22日がショートケーキの日になった理由の説明に1番役に立つのはどれ？
　① カレンダー　② 最初に作った人の名前　③ 英和辞典

17　愛と希望と勇気の日，1959年にタロとジロが救出された日。

A② 　タロとジロはカラフト犬の兄弟。南極地域観測隊に同行したけれど，南極に取り残され，1年後に救出されたんだよ。

18　1874年に警視庁が設置された日。

A② 　警察全体を管理するのが国家公安委員会，その下に警察庁があるんだ。その下に都道府県の警察本部があるんだけど，東京都の警察本部を特別に警視庁というんだよ。

19　1428年にくじで足利義教が将軍に選ばれた日。

A① 　4人の候補者がくじを引いて三代将軍足利義満の三男である足利義教に決まったんだよ。くじで決まったからくじびき将軍と呼ばれているよ。

20　118番の日，海上保安庁の緊急通報用電話番号118番の数字から。

A③ 　118番は，日本の海上で事件・事故が起きたときの緊急通報用電話番号。緊急電話にいたずら電話をすると助けが必要な人への対応が遅れるなどとても迷惑だよ。

21　料理の日，1937年にイギリスのBBCが世界初の料理番組を開始した日。

A① 　自分が食べるときは「味わう」で，人に食べてもらうときは「味わわせる」が正しいんだよ。「味わわせる」は言いにくいから，「味あわせる」と間違える人が多いよ。

22　リスの日。

A② 　上手にバイオリンをひくのは山のこりす，上手にフルートをひくのは山のことり，上手にたいこをたたくのが山のたぬきだよ。

23　ジャズの日，JAZZのJAがJanuary(1月)の先頭2文字でZZが22に見える。

A③ 　ジャズは，20世紀のはじめのころに，ニューオーリンズのブラスバンドから生まれたんだよ。ガーシュインのラプソディーインブルーなどたくさんの名曲があるよ。

24　ショートケーキの日。

A① 　22日の一週間前が15日。カレンダーで22日の上は15日。22の上に「いちご」と読める15がのっているから「ショートケーキの日」と決められたんだよ。

25 1月23日（図工編）

Q ひげの両端が細くて上にピンと跳ね上がっている有名な画家は？
① サルバドール・ダリ　② マルク・シャガール　③ パブロ・ピカソ

26 1月24日（算数編）

Q ちょうど10cmの長さなのはどれ？
① 郵便葉書の横幅　② 文庫本の横幅　② CDの直径

27 1月25日（社会編）

Q 福岡県の太宰府天満宮にまつられている菅原道真公は何の神様として有名？
① 安産の神様　② 交通安全の神様　③ 学問の神様

28 1月26日（社会編）

Q 世界遺産に3件が登録されている都道府県は？
① 東京都　② 京都府　③ 奈良県

29 1月27日（国語編）

Q 詩人野口雨情の作詞した「兎のダンス」の歌詞にないのは？
① 耳にはちまき　② 首にスカーフ　③ 足に赤靴

30 1月29日（国語編）

Q 井上靖の自伝的長編小説『しろばんば』の"しろばんば"とは何？
① 虫　② 妖怪　③ 動物

31 1月29日（社会編）

Q 南極にある日本の基地の説明で正しいのは？
① 常設の基地はない　② 民間企業の基地がある　③ 基地は4つある

32 1月30日（家庭科編）

Q 日本で一般的に使われているみそはどれ？
① 米みそ　② サトウキビみそ　③ 麦みそ

1月

25 1989年にサルバドール・ダリが84歳で亡くなった日。

① スペイン生まれの画家。絵画『柔らかく描かれた時計』やチュッパチャプスのロゴマークをデザインしたことでも知られるよ。

26 郵便制度施行記念日，1871年に郵便規則が制定された日。

① 郵便葉書は切手が印刷してある郵便局などで販売されている葉書のことで横10cm縦14.8cmだよ。文庫本は横幅は10.5cm，CDの直径は12cmだよ。

27 左遷の日，901年に菅原道真が醍醐天皇により大宰府に左遷された日。

③ 菅原道真は，平安時代の貴族。京の都を去る時に大切にしていた梅の木に向かって詠んだ「東風吹かば　匂ひおこせよ　梅の花　主なしとて　春な忘れそ」が有名。

28 文化財防火デー，1949年に法隆寺の金堂が炎上し壁画が焼損した日。

③ 3件の世界遺産は「法隆寺地域の仏教建造物」，「古都奈良の文化財」と，「紀伊山地の霊場と参詣道」。国内では計22件（2019年5月）が登録されているよ。

29 1945年に野口雨情が62歳で亡くなった日。

② 野口雨情の代表作には，『十五夜お月さん』『七つの子』『赤い靴』『青い眼の人形』『シャボン玉』『こがね虫』などがあるよ。

30 1991年に井上靖が83歳で亡くなった日。

① 作家の井上靖が自分の少年時代を描いた小説で，主人公は大正時代初期の小学生。しろばんばは，静岡県伊豆半島の湯ヶ島で秋の夕暮れ時に飛び回る雪虫のことだよ。

31 1958年に隊員17名がオングル島に上陸し「昭和基地」と命名した日。

③ 日本の南極基地は，開設が古い順に，昭和基地1957年，みずほ基地1970年，あすか基地1985年，ドームふじ基地1995年と4つあるよ。

32 米みそ。30日を「みそか」と呼ぶことから毎月30日が「みその日」。

① 日本で生産されているみその8割が米みそだけど，愛知・三重・岐阜では，米や麦麹を使わず大豆と食塩を主原料とする豆みそ，九州などでは麦みそが人気があるよ。

2月

01 2月1日（社会編）
Q 商品についているエコマークに書いてある言葉は？
① わければしげん　② エコでにこにこ　③ ちきゅうにやさしい

02 2月2日（家庭科編）
Q 料理の材料として使われる麩の原料は何？
① 椎茸　② 小麦粉　③ 大豆

03 2月2日（社会編）
Q ラムサール条約の対象になっている湿地が一番多いのは？
① 北海道　② 長野県　③ 熊本県

04 2月3日（社会編）
Q 「天は人のうえに人を造らず」「一万円札の肖像」と言えば？
① 大隈重信　② 野口英世　③ 福沢諭吉

05 2月4日（音楽編）
Q 楽器の名前が，その楽器を考えた人の名前からつけられているのは？
① サックス　② オカリナ　③ リコーダー

06 2月5日（体育編）
Q 日本プロ野球で通算本塁打数史上1位868本の記録を持つのは？
① 野村克也　② 張本勲　③ 王貞治

07 2月6日（家庭科編）
Q 抹茶は何からつくられる？
① 抹茶の実　② 大豆　③ お茶の葉

08 2月7日（社会科編）
Q 国内で唯一夏冬両方のオリンピック競技を開催した町は？
① 北海道札幌市　② 長野県軽井沢町　③ 新潟県新潟市

2月

01 1989年にエコマークが生まれた日。

③ エコマークは，財団法人日本環境協会が1989年に制定したんだ。環境を大切にする商品かどうかを意識した厳しい審査に合格するとエコマークをつけることができるよ。

02 麩の日，「ふ（2）」から。

② 麩は，小麦粉から取り出したグルテンを主な材料にして作られる食品。生麩や焼麩などの種類があるよ。お菓子や精進料理などによく使われるよ。

03 1971年に「ラムサール条約」が調印された日。

① さまざまな生物が生息する湿地を国際的に協力して保全するために結ばれたのがラムサール条約。日本で指定されている50ヵ所のうち13ヵ所が北海道にあるよ。

04 1901年に福沢諭吉が66歳で亡くなった日。

③ 福沢諭吉は豊前（大分県）の出身。「天は人のうえに人を造らず」は，福沢諭吉の書いた「学問のすゝめ」のなかの言葉だよ。勉強することの大切さを説いたんだ。

05 1894年にサックスの考案者アドルフ・サックスが79歳で亡くなった日。

① オカリナは小さいガチョウの意味。リコーダーは小鳥の鳴き声を真似して演奏していたことから記録する者の意味。サックスを開発したのはアドルフ・サックスだよ。

06 2月5日プロ野球の日，1936年に全日本職業野球連盟が結成された日。

③ ホームラン通算記録は1位王貞治868本，2位野村克也657本，3位門田博光567本だよ。王貞治は日本の国民栄誉賞を初めて受賞した人なんだよ。

07 抹茶の日，お茶を立てる時，湯を沸かす道具「風（2）炉（6）」から。

③ 飲み物やアイスクリーム，お菓子などで抹茶を使った商品をよく見るね。お茶の葉を蒸して乾燥させてから，挽き臼でひいて細かくしたものなんだよ。

08 長野の日，1998年に長野冬季オリンピックの開会式が行われた日。

② 軽井沢町は1964年夏のオリンピック東京大会で馬術競技を，1998年冬のオリンピック長野大会でカーリング競技を開催したんだよ。

09　2月7日（社会編）
Q 日本富士山協会が2014年に富士山と友好山提携を締結した山は？
① 台湾の玉山　② 韓国の漢拏山（ハルラ）　③ スペインのテイデ山

10　2月8日（家庭科編）
Q 裁縫で使う仮止め用の針をなんと言う？
① 待ち針（まちばり）　② 縫い針（ぬいばり）　③ 指針（ゆびばり）

11　2月9日（図工編）
Q 『鉄腕アトム』『ジャングル大帝』と同じ漫画家による作品は？
① ワンピース　② ブラック・ジャック　③ サザエさん

12　2月9日（道徳編）
Q 手塚治虫の言葉「人を信じよ，しかし，その百倍も」に続く言葉は？
① 運命を信じよ　② 偶然を信じよ　③ 自らを信じよ

13　2月10日（国語編）
Q 立松和平の「いのちの絵本」。テーマは，街・田・牧場・川と何？
① 海，木　② 虫，土　③ 草原，未来

14　2月11日（社会編）
Q 国民の祝日のなかで「記念」の文字がつく日は何日ある？
① 2　② 3　③ 4

15　2月12日（理科編）
Q キャベツの花に似ているのは？
① 菜の花　② 菊の花　③ 薔薇の花（ばら）

16　2月13日（外国語編）
Q 英語の「 first name 」（ファーストネーム）とは？
① 大統領の姓　② 個人の名　③ 家族の姓

2月

09 2014年に中華民国山岳協会と富士山・玉山友好山提携を締結した日。

A① 玉山は台湾のほぼ中央にある山で，南投県・嘉義県・高雄市にまたがっているよ。標高3,952 mある台湾最高峰の山で富士山より高いよ。

10 針供養の日，12月8日に行われる地方もある。

A① 布を縫う時に，針で布を一時的に止めるための針を待ち針というんだよ。頭のところに穴がなくて，花びらの形の飾りや小さな球のかざりがついているよ。

11 1989年に手塚治虫が60歳で亡くなった日。

A② 手塚治虫は，マンガの神様と言われる漫画家だよ。『リボンの騎士』『火の鳥』などの作品も人気があるよ。兵庫県宝塚市に手塚治虫記念館があるよ。

12 1989年に手塚治虫が60歳で亡くなった日。

A③ 「信じきっていた人々に裏切られることもある。そんな時，自分自身が強い盾であり，味方であることが，絶望を克服できる唯一の道なのだ。」と続くよ。

13 海の安全祈念日，2001年に宇和島水産高校の実習船が衝突され沈没した日。

A① 「海のいのち」「木のいのち」が正式な書名。立松和平さんの「海のいのち」は，国語の教科書に掲載されているよ。いろいろな場所を舞台に描かれた命の物語だよ。

14 建国記念の日，建国をしのび，国を愛する心を養う日。

A① 記念がつくのは，2月11日の「建国記念の日」と5月3日の「憲法記念日」。国民の祝日は，国民の祝日に関する法律で日付や意義について定められているよ。

15 1996年に司馬遼太郎が72歳で亡くなった日。菜の花忌。

A① キャベツはアブラナのなかまだよ。実ができると収穫するから花を見る機会は少ないけど，花は菜の花のように黄色い花びら4枚が十字形をしているよ。

16 名字の日，1875年に明治政府が「平民苗字必称義務令」を出した日。

A② 英語では通常，個人の名前を最初に書くから「first name」。家族の姓は最後に書くから「last name」だよ。

17 2月14日（家庭編）

Q チョコレートと同じカカオ豆を主な原料にしている飲み物は？
① ココア　② コーヒー　③ 紅茶

18 2月16日（理科編）

Q この天気記号の意味は？
① あられ　② ひょう　③ 雪

19 2月16日（家庭科編）

Q 寒天（かんてん）の主な材料は？
① 海藻　② 動物の油成分　③ 米のとぎ汁

20 2月17日（社会科）

Q セントレアは、どこの空港の愛称？
① 対馬（つしま）空港　② 岡山空港　③ 中部国際空港

21 2月18日（外国語編）

Q 航空郵便を英語で言うと？
① エアプレーン　② エアメール　③ エアカーゴ

22 2月20日（社会編）

Q 海外に行く時などに必要な一般用のパスポートの説明で正しいのはどれ？
① 赤と紺の表紙がある　② 有効期限は無制限　③ 0歳の子どもは不要

23 2月20日（国語編）

Q 歌舞伎（かぶき）俳優の世界のことを表す言葉は？
① 林檎園（りんごえん）　② 梨園（りえん）　③ 薔薇園（ばらえん）

24 2月21日（社会編）

Q 毎日発行される日刊の新聞が日本で初めて発行されたのはいつ？
① 江戸時代　② 明治時代　③ 大正時代

2月

17 聖バレンタインデー。

A① チョコレートもココアも，カカオ豆を主な原料にしていて，作り方も途中まで同じだよ。日本はカカオ豆の80%をガーナから輸入しているよ。

18 天気図記念日，1883年に日本初の天気図が作成された日。

A③ 快晴，晴れ，曇り，みぞれなどいろいろな天気の記号があるから調べてみてね。あられは円の中に三角の記号。ひょうはあられの記号の三角を黒くぬった記号だよ。

19 寒天の日，2005年にテレビで寒天が取り上げられブームが始まった日。

A① テングサやマクサなどの煮汁を凍結し乾燥させた食品が寒天。水で戻したものを煮て溶かしたものは，みつまめ，ところてん，水羊羹(みずようかん)などの和菓子に使われているよ。

20 2005年に中部国際空港が開港した日。

A③ 所在地に関係のある人名や動物名などを愛称としてつけている空港があるよ。対馬空港は対馬やまねこ空港，岡山空港は岡山桃太郎空港だよ。

21 エアメールの日，1911年に初めて飛行機で手紙が運ばれた日。

A② 1911年2月18日，インドで開催された展覧会のアトラクションで初めて飛行機で手紙が運ばれたんだよ。エアプレーンは飛行機，エアカーゴは航空貨物だよ。

22 パスポートの日，1878年に旅券という言葉が初めて法令上使われた日。

A① 一般用のパスポートには表紙が紺色の5年用と赤色の10年用があるけど，20歳未満の場合は，5年用しか申請できないよ。0歳の子どもも一人一冊必要だよ。

23 歌舞伎の日，1607年に出雲(いづも)の阿国(おくに)が初めて歌舞伎踊りを披露(ひろう)した日。

A② 音楽にくわしい唐の玄宗皇帝(げんそうこうてい)が，梨の木を植えた園で音楽を教えた故事から，梨園は役者や俳優，特に歌舞伎役者の世界を意味する言葉として使われているよ。

24 日刊新聞創刊の日，現存する新聞のなかで日本初の日刊新聞が創刊。

A② 江戸時代の終わりに英語の新聞や日本語の新聞が創刊されたんだ。毎日発行する日刊の新聞は，1870年に創刊された『横浜毎日新聞』がはじまりだよ。

25 2月22日（国語編）

Q 「春告鳥」は，どんな鳥？
① ホトトギス　② メジロ　③ ウグイス

26 2月23日（社会編）

Q 2月23日は，○○○の日。この記念日に関係のある数字は？
① 1549　② 3776　③ 3.14

27 2月23日（社会編）

Q 日本で一番高い富士山は，どこの都道府県にある？
① 愛知県と長野県　② 静岡県と山梨県　③ 長野県と静岡県

28 2月23日（体育編）

Q フィギュアスケートで演技後に選手とコーチが結果を待つ場所は？
① フェアリーテール　② ラッキーゾーン　③ キスアンドクライ

29 2月24日（体育編）

Q 雪の積もった野原・丘・森などを横断して走るスキー競技は？
① クロスカントリースキー　② アルペンスキー　③ スキージャンプ

30 2月28日（理科編）

Q さえずりの美しさから日本三鳴鳥に数えられている福岡県の県鳥は？
① ルリカケス　② ヒバリ　③ ウグイス

31 2月28日（国語編）

Q 『ぞうさん』『いちねんせいになったら』『ふしぎなポケット』の詩を書いた人は？
① 團伊玖磨　② まど・みちお　③ 北原白秋

32 2月29日（外国語編）

Q 料理の名前に使われるアヒージョの意味は？
① にんにく風味　② 生姜風味　③ わさび風味

2月

25 ウグイスが鳴き始める頃（初鳴日）。

③　ウグイスは，早春に鳴き始めるから春告鳥とも呼ばれるよ。気象庁の記録では，例年2月下旬に日本の南から順に鳴き始め4月には北海道でも観測されるているよ。

26 富士山の日，「ふ（2）じ（2）さん（3）」から。

②　223がふじさんと読めることから，山梨県と静岡県ではそれぞれ富士山の日条例を定めて，2月23日を富士山の日に制定しているよ。

27 富士山の日，「ふ（2）じ（2）さん（3）」から。

②　富士山の高さは3776m。「富士山のように　みなならう（3776）」で覚えられるよ。山頂は神社の境内で，どちらの県の土地か決められていないんだよ。

28 2006年に荒川静香が日本人女子フィギュアで五輪で初めて優勝した日。

③　結果を知り，時には抱き合って喜びを分かち合い，時には悔しさに涙する場所だから，キスと泣くという意味のキスアンドクライと呼ばれているんだよ。

29 1977年にクロスカントリーの統一ルールによる大会が初めて開催された日。

①　クロスカントリースキーは，国体やオリンピックの競技種目。北ヨーロッパで盛んなスキー競技の一つ。長距離を滑走する持久力と技術が求められる競技だよ。

30 ウグイスの初鳴日があるころ。

③　日本三鳴鳥と言われる鳥は，ウグイスとオオルリとコマドリだよ。ウグイスは，山梨県の県鳥にも指定されている鳥で，代表的な鳴き声は「ホーホケキョ」だよ。

31 2014年に，まど・みちおが104歳で亡くなった日。

②　25歳の時に，詩人の北原白秋に認められたんだよ。『ぞうさん』の作曲をしたのが團伊玖磨だよ。『やぎさんゆうびん』もよく知られている作品だね。

32 ニンニクの日，「に（2）んに（2）く（9）」から。

①　アヒージョ（ajillo）はスペイン語でニンニク風味のこと。アヒージョは，オリーブオイルとニンニクで魚介や野菜などの具材を煮込んだ小皿料理のことだよ。

3月

01　3月1日（社会編）
Q 日本各地にある秋葉（あきば）神社は何の神様として知られている？
　① 防火の神様　② 学問の神様　③ 交通安全の神様

02　3月2日（社会編）
Q 弥生土器の「弥生」は何から付けられた名前？
　① 発見場所の地名　② 発見者の苗字　③ 発見された月の別名

03　3月3日（家庭科編）
Q ひな祭りによく食べるひなあられの材料は？
　① 小麦　② もち米　③ 小豆

04　3月3日（理科編）
Q オリオン座の足もとにうずくまっている動物は？
　① こいぬ　② うさぎ　③ おうし

05　3月4日（家庭科編）
Q ミシンの名前は何からつけられた？
　① 発明した人の名前　② 34個（ミシ）の特許が使われている　③ マシーン

06　3月5日（理科編）
Q 電圧の単位はV。この記号のもとになったのは？
　① 勝利のビクトリー　② 科学者ボルタの名前　③ 雷の落ちる様子

07　3月6日（社会編）
Q マゼラン艦隊が初の世界一周を実現するのにかかった期間は？
　① 約1年　② 約3年　③ 約5年

08　3月7日（社会編）
Q 高さ日本一のビル「あべのハルカス」の「ハルカス」の意味は？
　① 春を招き入れる　② 遠くにあこがれる　③ 晴れ晴れとさせる

3月

01 春の火災予防週間初日，春季は毎年3月1日から3月7日。

① 多くの秋葉神社は，静岡県浜松市にある秋葉山本宮秋葉神社を起源として，火防・火伏せ(ひよけ・ひぶせ)の神様として信仰されているんだよ。

02 1884年に弥生土器が発見された日。

① 1884年に現在の東京都文京区弥生で発見されたことから地名をとって弥生土器と呼ばれるようになったんだよ。発見されたのが3月で，3月の別名が弥生なのは偶然だよ。

03 ひな祭り，三月の初めの巳(み)の日にしていた無病息災を願う行事から。

② 3月3日は，女の子の成長を祝うひな祭り。ひなあられは，もち米を炒(い)ったものに味付けしたもので，砂糖を使った甘い味やしょうゆ味などいろいろな味があるんだよ。

04 うさぎの日，「み(3)み(3)」から。

② オリオン座のすぐ下にあるのがうさぎ座だよ。ギリシャ神話ではオリオンは猟師とされているから，うさぎは獲物という設定なのではという説があるよ。

05 ミシンの日「ミ(3)シ(4)ン」から。

③ 英語のソーイング・マシーンが「裁縫マシン」になり，「ミシン」になったんだよ。昔は足でふんで動かすミシンが多かったけど，今は電気で動くミシンが多いよ。

06 1827年にアレッサンドロ・ボルタが82歳で亡くなった日。

② 電圧の記号として使われるVは，ボルタ電池を発明したイタリア人物理学者アレッサンドロ・ボルタ（Volta）から付けられたんだよ。

07 世界一周記念日，1967年に日本航空が世界一周西回り路線の営業を開始した日。

② 1519年9月20日に，スペインを出向したマゼラン艦隊は，3年後の9月6日にスペインに帰還したんだよ。マゼランは，1521年に亡くなっているよ。

08 2014年にあべのハルカスが全面開業した日。

③ あべのハルカスは，大阪市にある地上300mのビル。伊勢物語に使われている「晴らす，晴れ晴れとさせる」という意味の古語「晴るかす」から付けたんだよ。

09　3月7日（保健編）

Q かぜ用のマスクと花粉用のマスク，目が細かく作られているのは？
　① かぜ用のマスク　② 花粉用のマスク　③ 特に違いはない

10　3月8日（理科編）

Q ミツバチが仲間に蜜のある場所などを伝えるためにする行動は？
　① 花びらをまく　② ダンスをする　③ ウインクをする

11　3月8日（音楽編）

Q ブラジルの民族舞曲でダンス曲と言えば？
　① サンバ　② フラメンコ　③ ジルバ

12　3月9日（社会編）

Q 日本初の記念切手は何？
　① 大政奉還　② 迎賓館完成　③ 明治銀婚記念切手

13　3月9日（社会編）

Q 今日は，関門国道トンネル開通記念日。関門は下関と何県のどこ？
　① 山口県の大門　② 福岡県の門司　③ 青森県の門松

14　3月10日（理科編）

Q 塩と砂糖が20度の水にとける量を比べるとどちらが多い？
　① 塩　② ほとんど同じ　③ 砂糖

15　3月11日（理科編）

Q 南国らしい赤色で夏を彩る，ハワイ州の州花でもある花は何。
　① ハイビスカス　② ヒマワリ　③ タンポポ

16　3月11日（理科編）

Q パンダが冬眠しない理由で正しいのは？
　① 一年中食べ物がある　② 消化がとても遅い　③ 何でも食べて栄養にできる

3月

09 花粉症が増える頃。

① 花粉用マスクとくらべると，花粉より小さいウイルスの出入りを止めるために作られたカゼ用マスクは，目が細かく作られているよ。

10 ミツバチの日，「みつ（3）ばち（8）」から。

② ミツバチが尻尾を振りながら8の字に踊るようすは，ミツバチのダンスと呼ばれているよ。花から巣箱までの距離を尻尾を振る速さで表すんだよ。

11 サンバの日，「さん（3）ば（8）」から。世界では12月2日。

① 4分の2拍子のダンス音楽。リオなどブラジル各都市で行われるカーニバルには，たくさんのチームが参加して優勝を競い合うよ。日本でもサンバは人気があるよ。

12 1894年に日本初の記念切手が発行された日。

③ 1894年3月に行われた明治天皇・皇后両陛下御結婚25周年の祝典を記念して発行されたのが，日本初の記念切手で，2銭と5銭の2種類が発行されたんだよ。

13 関門国道トンネル開通記念日。

② 1958年3月9日に，山口県下関と福岡県門司の間に海底道路トンネルの関門国道トンネルが開通したんだよ。

14 砂糖の日，「さ（3）とう（10）」から。

③ 塩も砂糖も身近な調味料だけど，水に溶ける量はずいぶん違うよ。100g 20度の水に塩は約35g溶けるけど，砂糖（ショ糖）は約204gも溶けるんだ。

15 1959年にハワイ州が生まれた日。

① ハイビスカスは，世界の熱帯，亜熱帯，温帯地方で観賞用や食用として栽培されていて，日本の温かい地方でもよく見かけるよ。赤，白，桃，黄などの色があるよ。

16 パンダ発見の日，1869年にフランス人が中国でパンダの毛皮を見た日。

① パンダの主食であるタケやササは，冬でも食べられるから冬眠しなくていいよ。タケやササは栄養が少なく冬眠するだけのカロリーを得られないと言われている。

17 3月12日（社会編）
Q 鹿児島中央駅から新函館北斗駅まで新幹線を乗り継ぐと最短時間は？
① 約7時間　② 約11時間　③ 約15時間

18 3月14日（外国語編）
Q 「Yes, I know a number」と関係のある形は？
① 台形　② 長方形　③ 円

19 3月15日（理科編）
Q 生まれたばかりのキリンの説明で正しいのは？
① 体重が約200kg　② 高さが約1m　③ 生まれて30分で歩く

20 3月15日（社会編）
Q 国際連合の旗で北極点から見た世界地図を囲んでいる植物は？
① オレンジ　② オリーブ　③ ペパーミント

21 3月16日（社会編）
Q 1934年3月16日に日本で最初に国立公園に指定されたのは？
① 霧島　② 奄美群島　③ 日南海岸

22 3月18日（社会編）
Q 階段の手前など，注意が必要な場所にある点字ブロックは？
① 平行な直線4本　② 25個の点　③ ×印

23 3月18日（体育編）
Q バレーボールなどで，サーブ権の有無に関係なく得点が入るルールは？
① サイドアウト制　② リベロプレーヤー制　③ ラリーポイント制

24 3月20日（理科編）
Q 太陽が生まれたのは今から何年前？
① 約46億年前　② 約12億年前　③ 約1億年前

17 2011年に九州新幹線が開業した日。

A② 乗り換え回数が一番少ないのは,博多と東京乗り換え,新大阪と東京乗り換えなど2回だよ。料金は通常価格で片道約5万円。約2326kmの旅だよ。

18 円周率の日,円周率の近似値3.14から。7月22日も円周率の日。

A③ Yesから各単語の文字数を並べると31416。「,」を小数点にすると,円周率の小数第5位を四捨五入した数になるよ。英語圏で円周率を覚える方法の一つ。

19 1907年に日本に初めてキリンが来た日。

A③ キリンが生まれた時の体重は約70kg,高さは約2mで,生まれてから約30分で歩くんだよ。成長すると最大で高さは6m,体重は約2トンになるんだよ。

20 オリーブの日,1950年に昭和天皇が小豆島でオリーブの種をまかれた日。

A② オリーブは地中海原産の植物で,実からオリーブ・オイルがとれるよ。オリーブは,鳩と同じように平和を意味するシンボル（しるし）として使われるんだ。

21 1934年に日本で最初に国立公園が指定された日。

A① 国が指定し保護管理するのが国立公園。瀬戸内海,雲仙と同時に最初に指定されたんだ。あとから桜島や屋久島などが追加されて,霧島屋久国立公園になったんだよ。

22 点字ブロックの日,1967年に初めて点字ブロックが敷設された日。

A② 歩く向きに平行な直線4本が浮き出ているのが線状ブロック。横断歩道など注意が必要な場所には縦5個横5個の25点が浮き出た点状ブロックが敷いてあるよ。

23 バレーボールやバスケットボールを日本に初めて紹介した大森兵蔵の誕生日。

A③ バドミントンでも採用されているルール。以前は,サイドアウト制で,サービス権があるときにだけ得点が入るルールだったんだよ。

24 太陽の日,昼夜の時間がほぼ等しい春分の日。

A① 約46億年前に,宇宙のガスやちりが集まって,大きなうずができて,その中から太陽が生まれたんだよ。

25 3月21日（音楽編）

Q 作曲家三人のなかで，一番早く生まれたのはだれ？
① チャイコフスキー　② バッハ　③ シューベルト

26 3月22日（社会編）

Q 日本の国を代表する鳥として国鳥に指定されているのは？
① トキ　② キジ　③ ワシ

27 3月23日（理科編）

Q 「南の風」はどんな風？
① 南に向けて吹く風　② 南から吹いてくる風　③ 暖かい風

28 3月25日（理科編）

Q 金属のなかで電気を通すのは？
① 磁石につく金属　② 水にしずむ金属　③ 全部

29 3月26日（国語編）

Q 「桑原桑原（くわばらくわばら）」と言うのは何を避けたい時に使われるまじないの言葉？
① 頭痛や腹痛　② 落雷や災難　③ 食べ過ぎや寝過ぎ

30 3月27日（社会編）

Q 桜がデザインされている硬貨は？
① 十円硬貨　② 百円硬貨　③ 五百円硬貨

31 3月29日（音楽編）

Q ドイツ音楽の三大Bと言われるのは，バッハ，ブラームスとだれ？
① ベートーベン　② ヴィヴァルディ　③ プッチーニ

32 3月31日（音楽編）

Q オーケストラのコンサートマスターの演奏する楽器は普通は何？
① トロンボーン　② ヴァイオリン　③ トランペット

3月

25 1685年にバッハが生まれた日。

A ② バッハが1685年，チャイコフスキーが1840年，シューベルトが1797年生まれだよ。バッハは，ドイツで活躍した作曲家で音楽の父と呼ばれているよ。

26 1947年に日本鳥学会がキジを国鳥に選定した日。

A ② キジは日本各地で見られる美しい鳥で，1947年に日本の国鳥に指定されたんだ。桃太郎のお話にも登場するよ。1万円札にキジのイラストが印刷されているよ。

27 世界気象の日，1950年に世界気象機関（WMO）が発足した日。

A ② 北から吹いてくる風が北の風，東から吹いてくる風が東の風だよ。気象庁では，風が南を中心に45度の範囲から吹いてくるときに，南からの風と呼んでいるよ。

28 電気記念日，1887年に日本で家庭用の配電が始まった日。

A ③ 電気を通さない物は金属とは呼ばないんだよ。磁石につく鉄・ニッケル・コバルトも，磁石につかない金・銀・アルミニウムも，どれも電気を通すんだよ。

29 903年に菅原道真が59歳でなくなった日。

A ② 菅原道真の領地にある桑原に落雷がなかったからという説，農家の井戸に閉じ込められた雷神が，「桑原」と唱えたら二度と落ちないと誓った説などがあるよ。

30 桜の日，「さ（3）×く（9）＝27」から。

A ② 表には「日本国」と「百円」の文字が彫られ，桜がデザインされているよ。裏には「100」と製造された年がデザインされているね。

31 1827年にベートーベンが56歳で亡くなった日。

A ① ベートーベンはドイツの作曲家。楽聖とも呼ばれているよ。ヴィヴァルディとプッチーニはイタリア生まれの作曲家だよ。

32 オーケストラの日，「み（3）み（3）に一番」「み（3）み（3）にいい（1）ひ」。

A ② コンサートマスターはオーケストラのまとめ役。一般的には第1ヴァイオリンの首席演奏者が担当するよ。指揮者が急病の時などは代わりに指揮をすることもあるよ。

●著者紹介
蔵満逸司

1961年鹿児島県生まれ。国立大学法人琉球大学教職大学院准教授。
元鹿児島県小学校教諭（29年勤務）
・日本ＬＤ学会会員・特別支援教育士

■著書
『奄美まるごと小百科』『奄美食（うまいもの）紀行』『奄美もの知りクイズ350問』『鹿児島もの知りクイズ350問』『鹿児島の歩き方 鹿児島市篇』（以上，南方新社）『授業のツボがよくわかる算数の授業技術高学年』（以上，学事出版），『小学校1・2・3年の楽しい学級通信のアイデア48』『小学校4・5・6年の楽しい学級通信のアイデア48』『見やすくきれいな小学生の教科別ノート指導』『特別支援教育を意識した小学校の授業づくり・板書・ノート指導』『教師のためのiPhone & iPad超かんたん活用術』『ワークシート付きかしこい子に育てる新聞を使った授業プラン30＋学習ゲーム7』『小学校プログラミング教育の考え方・進め方』（以上，黎明書房），『おいしい！授業―70のアイデア＆スパイス＋1 小学校1・2年』（フォーラムＡ），『ミナミさんちのクイズスペシャル』1，2『ミナミさんちのクイズスペシャル』3（以上，南日本新聞社＊非売品）

■ＤＶＤ
『演劇・パフォーマンス系導入パターン』『実践！ミニネタアイディア集（算数編）2巻』（以上，ジャパンライム社）

■共著
『42の出題パターンで楽しむ痛快社会科クイズ608』『クイズの出し方大辞典付き笑って楽しむ体育クイズ417』（以上，黎明書房）

■編著書
上條晴夫監修『小学校算数の学習ゲーム集』『算数の授業ミニネタ＆コツ101』（以上，学事出版）

■メールマガジン発行
『小学校教師用メールマガジン』（まぐまぐ＋メルマ）読者合計3800人

イラスト：さややん。

小学校 授業が盛り上がるほぼ毎日学習クイズBEST365

2019年7月10日　初版発行

著　者	蔵　満　逸　司
発行者	武　馬　久仁裕
印　刷	株式会社太洋社
製　本	株式会社太洋社

発行所　株式会社　黎明書房

〒460-0002　名古屋市中区丸の内3-6-27　EBSビル
☎052-962-3045　FAX052-951-9065　振替・00880-1-59001
〒101-0047　東京連絡所・千代田区内神田1-4-9　松苗ビル4F
☎03-3268-3470

落丁・乱丁本はお取替します。　　ISBN978-4-654-02320-2
Ⓒ I. Kuramitsu 2019, Printed in Japan

42の出題パターンで楽しむ
痛快社会科クイズ608
教師のための携帯ブックス③

蔵満逸司・中村健一著　　B6・93頁　1200円

授業を盛り上げ，子どもたちを社会科のとりこにする608の社会科クイズと，クイズの愉快な出し方を42種紹介します。笑って覚えてしまうクイズが満載で，子どもたちを社会科好きにすることまちがいなし。

クイズの出し方大辞典付き
笑って楽しむ体育クイズ417
教師のための携帯ブックス⑦

蔵満逸司・中村健一著　　B6・95頁　1200円

水泳，ドッジボール，けがの予防，エイズ等，競技から保健分野までのクイズ417問。体育の授業がますます充実！　信じられないほど授業が盛り上がるクイズの出し方付き。

小学校プログラミング教育の
考え方・進め方
オールカラー

蔵満逸司著　　B5・86頁　2300円

小学校で新しく始まるプログラミング教育について，パソコンが苦手な先生でも理解できるよう平易に解説したプログラミング教育の入門書。指導例に基づく教科別の指導プラン・ワークシートなどを収録。

教師のためのiPhone & iPad
超かんたん活用術
オールカラー

蔵満逸司著　　B5・86頁　2300円

はじめてiPhoneやiPadをさわる人でも，すぐに授業や普段の教師生活に活かせるノウハウを収録！　操作説明や基本の用語，各教科の授業や特別支援教育に役立つアプリも厳選して紹介。

ワークシート付き かしこい子に育てる
新聞を使った授業プラン30＋
学習ゲーム7

蔵満逸司著　　B5・86頁　1800円

「新聞のグラフを読み取ろう」「スポーツ記事を書いてみよう」など，新聞を使った小学校の各教科の授業プランと，「新聞たほいや」などの学習ゲームを収録。アクティブ・ラーニングの教材としても最適。

特別支援教育を意識した 小学校の
授業づくり・板書・ノート指導

蔵満逸司著　　B5・86頁　1900円

発達障害の子どもだけでなく，すべての子どもの指導をより効果的で効率的なものにするユニバーサルデザインによる学習指導のあり方を，授業づくり・板書・ノート指導にわけて紹介。コピーして使える資料付。

見やすくきれいな
小学生の教科別ノート指導

蔵満逸司著　　B5・92頁　1800円

国語，社会科，算数，理科等の各学年のノートの見やすい書き方，使い方を実際のノート例を多数まじえながら紹介。特別支援を意識したノート指導では，支援を要する児童を意識した板書の工夫などにもふれる。

子どもも保護者も愛読者にする
小学校1・2・3年の楽しい
学級通信のアイデア48

蔵満逸司著　　B5・102頁　2000円

子どもとの距離も保護者との距離もぐっと近づく学級通信を48種紹介。作成手順や具体例がそのまま使えるワークシートを掲載。保護者が気になる低学年ならではのネタも紹介。

子どもも保護者も愛読者にする
小学校4・5・6年の楽しい
学級通信のアイデア48

蔵満逸司著　　B5・102頁　2000円

子どもとの距離も保護者との距離もぐっと近づく学級通信を48種紹介。作成手順や具体例がそのまま使えるワークシートを掲載。「ローマ字通信」「中学校ニュース」等，高学年ならではの新鮮なネタが満載。

＊表示価格は本体価格です。別途消費税がかかります。
■ホームページでは，新刊案内など小社刊行物の詳細な情報を提供しております。「総合目録」もダウンロードできます。http://www.reimei-shobo.com/

新装版 子どもが大喜びで先生もうれしい！ 学校のはじめとおわりのネタ108	中村健一編著	A5・127頁	1800円	1年間、1日、授業、6年間の学校におけるはじめとおわりを充実させるとっておきの108のネタ。子どもたちを飽きさせない工夫がいっぱいの教師のバイブル。気がつけば楽しいクラスのできあがり！
もっと笑う！ 教師の2日目 教師のための携帯ブックス㉑	中村健一とゆかいな仲間たち著	B6・98頁	1300円	教師が上の階から子どもたちに行う「天使のあいさつ」、掃除の時間に子どもの耳元でささやく「デビル吉田のささやき」など、朝から帰りまで1日目よりももっと笑えるネタ80。笑顔のある学級は崩壊しません。
ゲームはやっぱり定番が面白い！ ジャンケンもう一工夫 BEST55＋α	中村健一著	B5・62頁	1650円	定番ゲームの王様「ジャンケン」にもう一工夫加えた、「餃子ジャンケン」「サッカージャンケン」等の最高に盛り上がるジャンケンゲーム55種を厳選収録。学習規律をつくるジャンケンも。
改訂版 全員を聞く子どもにする教室の作り方	多賀一郎著	A5・154頁	2000円	人の話をきちっと聞ける子どもの育て方を具体的に順序だてて紹介し、その有効性が実証された前著をグレートアップ！「第13章 まず、教師が聞くこと」を追加し、「聞くだけで子どもが変わる絵本」を差し替え。
孫子に学ぶ教育の極意	多賀一郎著	四六・145頁	1700円	学校は戦場でもある。人生の導きの書、ビジネスの指南書として人気の「孫子の兵法」は教育の現場でも役立ちます。子どもを守るために戦う教師の、目からウロコの「戦いの極意」がこの一冊に。
きれいごと抜きのインクルーシブ教育	多賀一郎・南惠介著	四六・158頁	1800円	クラスで問題行動をとりがちな発達障害の子の「捉え方」「受け止め方」「対応の仕方」「保護者との関係づくり」などについて、今注目の2人の実践家が現実に即したきれいごと抜きの解決策を提示。
誰でもできる白熱する「対話」指導53	山田洋一編著	A5・156頁	2000円	2020年完全実施の学習指導要領のキーワード「主体的・対話的で、深い学び」を実現するための、普段の授業ですぐ使える「対話の仕掛け」等を実例を交え紹介。対話指導を一から学びたい教師向けの一冊。
気づいたら「うまくいっている！」目からウロコの学級経営	山田洋一著	A5・143頁	1800円	気づいたら「うまくいっている！」山田洋一の学級経営術を、「目からウロコの心構え」「目からウロコの指導術」「目からウロコのリアクション術」「目からウロコの対話指導術」に分け、紹介。
気づいたら「忙しい」と言わなくなる教師のまるごと仕事術	山田洋一著	A5・144頁	1800円	多忙を極める教師のために「時間管理」「即断」「環境」「人間力向上」「道具」「研鑽」「思考」について、今すぐにでも実践したい数々の技術・心構えを詳述。忙しさから解放され、仕事も充実！

＊表示価格は本体価格です。別途消費税がかかります。